GUOYOUQIYE NEIBU

XINXING JIANGUAN JIZHI YANJIU

国有企业内部新型监管机制研究

李彦斌 张 峰 李赟 著

中国电力出版社
CHINA ELECTRIC POWER PRESS

内容提要

为了适应国有企业改革与经营环境变化对国有企业内部监管提出的新要求，丰富国有企业治理的相关研究框架，改善国有企业总部治理能力、提升子公司经营活力、提高国有资本运营效率，华北电力大学经济与管理学院组织编写了本书。本书共分为 7 章，内容包括概述、理论基础、国有企业内部监管模式及内容分析、国有企业内部监管策略选择研究、国有企业内部决策权配置研究、国有企业内部监管效果评价研究和研究结论。

本书可作为高等院校相关专业的教学用书，也可供国有企业管理人员参考使用。

图书在版编目（CIP）数据

国有企业内部新型监管机制研究/李彦斌，张峰，李赟著. —北京：中国电力出版社，2024.7
ISBN 978-7-5198-8931-9

Ⅰ.①国… Ⅱ.①李…②张…③李… Ⅲ.①国有企业－企业内部管理－研究－中国 Ⅳ.①F279.241

中国国家版本馆 CIP 数据核字（2024）第 105435 号

出版发行：中国电力出版社
地　　址：北京市东城区北京站西街 19 号（邮政编码 100005）
网　　址：http://www.cepp.sgcc.com.cn
责任编辑：张　瑶
责任校对：黄　蓓　张晨荻
装帧设计：赵姗姗
责任印制：石　雷

印　　刷：廊坊市文峰档案印务有限公司
版　　次：2024 年 7 月第一版
印　　次：2024 年 7 月北京第一次印刷
开　　本：787 毫米×1092 毫米　16 开本
印　　张：8.25
字　　数：165 千字
定　　价：38.00 元

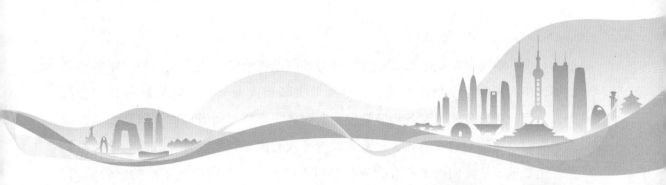

前　言

　　2015 年 8 月 24 日，中共中央、国务院印发了《关于深化国有企业改革的指导意见》（中发〔2015〕22 号），标志着国有企业改革进入了以"1＋N"政策体系为主的新阶段。2020 年 6 月 30 日，习近平总书记主持召开的中央全面深化改革委员会第十四次会议上审议通过了《国企改革三年行动方案（2020—2022年）》，为落实新一轮国有企业改革明确了具体路径。新一轮国有企业改革明确了国资监管以"管资本"为主，国有企业治理以现代企业制度建设为主的要求，从而进一步发挥国有企业在市场经济中的主体地位，提升国有资本运营效率。党的二十大报告进一步强调要"深化国资国企改革，加快国有经济布局优化和结构调整，推动国有资本和国有企业做强做优做大，提升企业核心竞争力"。然而，尽管近年来我国国有企业在深化"政企分开"、建设内部治理体系等方面做出了积极探索，但国有企业总部偏向于行政化、机关化的管理惯性仍未颠覆，国有企业总部机构设置冗杂，且对下属子公司的监管呈现高度集权特征，在一定程度上导致了子公司对总部过度依赖，限制了子公司的经营活力与国有资产运营效率。基于此，本书结合国有企业内部治理现状与新一轮国有企业改革要求，聚焦于国有企业内部监管的系列问题，开展了国有企业改革背景下企业总部对子公司的监管模式、监管内容、监管策略选择、决策权配置与监管效果评价的相关研究，以期构建适合国有企业改革要求的新型监管机制，从而提高国有企业治理水平与国有资产运营效率。本书主要研究内容如下：

　　（1）提出了国有企业子公司的类型及其对应的监管模式，为构建新型监管机制奠定了基础。本书明确了国有企业改革背景下国有企业总部与子公司的职能定位，在此基础上，从业务类型与股权结构两个维度出发，将国有企业子公司划分为 9 种类型，即国有独资竞争型商业类、国有独资垄断型商业类、国有独资服务型公益类、绝对控股竞争型商业类、绝对控股垄断型商业类、绝对控股服务型公益类、相对控股竞争型商业类、相对控股垄断型商业类、相对控股服务型公益类。然后，对比分析了财务型监管模式、财务—战略型监管模式、战略型监管模式、战略—运营型监管模式、运营型监管模式的内涵特征及其对总部与子公司的差异化要求，从而明确了国有企业总部对不同类型子公司应该采取的监管模式。最后，基于五种监管模式集权程度逐步上升、监管内容逐步增加的特征，从通用型监管内容与选择型监管内容两个维度出发，全面分析了国有企业内部的监管内容，并按照"通用型＋选择型"的思路，明确了不同类型监管模式对应的监管内容，从而实现了"监管模式能够匹配子公司类型、监管内容能够匹配监管模式"的国有企业内部分类监管目标。

（2）构建了国有企业内部监管的演化博弈模型，为总部监管策略的选择提供了科学方法。考虑到监管过程中国有企业总部与子公司之间的动态博弈关系，本书构建了演化博弈模型，分析了不同策略组合下国有企业总部与子公司的收益矩阵，并推演了在演化博弈过程中的复制动态方程及最优均衡策略组合。在此基础上，结合不同监管模式的特征，设计了 5 个算例，对构建的演化博弈模型进行了仿真计算。结果表明：在既定参数设置下，财务型监管模式和财务—战略型监管模式的均衡策略组合为"总部实施监管策略，子公司以自身利益最大化为目标"；而战略型监管模式、战略—运营型监管模式与运营型监管模式由于总部监管成本升高，子公司违背总部监管意愿受到的惩罚增加，均衡策略组合均为"总部不实施监管策略，子公司以总部利益最大化为目标"。此外，敏感性分析的结果表明，在博弈过程中，子公司会权衡总部分配给自身的利润、违背总部监管能够获得的额外收益、总部对自己违规行为的惩罚三者之间的综合效益水平。当违背总部监管意愿"得不偿失"时，子公司将选择以总部利益最大化为目标，此时，总部为了降低监管成本也倾向于选择不实施监管策略。反之，当总部给子公司分配的利润太低或额外收益诱惑足够大时，子公司将冒着被惩罚的风险，选择以自身利益最大化为目标，此时，总部为了保障自己的收益，对子公司实施监管策略。最后，基于前述分析，从结合监管模式选择监管策略、降低监管成本、判断子公司额外收益、给予子公司合理利润空间 4 个方面，提出了国有企业内部监管策略选择的相关建议，从而提升总部的监管效率。

（3）构建了国有企业内部监管的 Jensen-Meckling（J-M）决策权配置模型，

为总部与子公司的决策权的配置提供了有效依据。在总部选择对子公司实施监管策略后，需要进一步明确不同事项的决策权配置点，从而提高总部对子公司的监管效率。基于此，本书分析了影响决策权配置的信息成本、代理成本与时间成本函数，并构建了基于决策成本最优的 J-M 决策权配置模型，提出了模型求解的鲸鱼优化算法。然后，从"同一监管模式不同监管事项"与"不同监管模式同一监管事项"两个维度出发，设计了 9 个算例对模型进行仿真。结果表明：在运营型监管模式下，随着决策事项重要性的提升，最优决策点变小，国有企业与子公司间决策权配置的集权程度上升，决策成本也越来越高。针对子公司财务预算方案制定这一决策事项，随着监管模式本身集权程度的上升，该事项的最优决策点增加，决策权配置呈现分权趋势。此外，敏感性分析结果显示，决策权的最优决策点与决策所需的信息量、代理成本降低系数、单位时间成本和信息处理时间变化系数之间均呈现单调递增关系；与初始代理成本呈现单调递减关系；与信息失真系数呈现倒 U 形关系，且其取值约为 0.225 时，最优决策点达到最大值。决策成本与信息失真系数、信息量、初始代理成本、单位时间成本和信息处理时间变化系数之间均呈现正相关关系，而与代理成本降低系数呈现负相关关系。最后，基于前述分析，本书从合理精简管理层级、制定授权清单、加快数字化转型、精准制订经营计划 4 个方面提出了国有企业总部与子公司间决策权配置的相关建议，以实现决策成本与决策效率最优。

（4）构建了国有企业内部监管效果的综合评价模型，为总部动态调整监管机制、持续改善监管效果提供了关键支撑。结合前述关于国有企业内部监管模式、监管内容、监管策略选择、决策权配置的研究结论，本书从子公司经营效益、子公司管理能力、子公司可持续发展能力与总部监管效率 4 个方面分析了监管效果评价的内容，并运用模糊德菲法（Fuzzy-Delphi）模型筛选了评价指标，形成了监管效果评价指标体系。然后构建了基于决策实验室分析—网络层析分析（Decision-making Trial and Evaluation Laboratory-Analytic Network Process, DEMETAL-ANP）的指标赋权模型与基于 Vague 集的模糊综合评价模型，并选取了新国有企业改革试点——G 企业及其下属的 3 家不同类型的子公司作为评价对象，对本书构建的评价模型进行了算例验证。结果显示，G 企业总部对从事金融业务的子公司 A 采取财务型监管模式，且监管效果较好；对从事科技研发业务的子公司 B 采取战略型监管模式，监管效果较好；对从事工程服务类的子公司

C采取运营型监管模式，监管效果一般。进一步对不同子公司在各个维度的监管效果进行对比发现，B公司的管理能力存在无法满足战略型监管要求的风险；C公司尽管效益水平和管理能力均较好，但其对总部依赖太大导致其可持续发展能力受限，总部对其耗费的监管成本也最高。最后，基于前述分析，从总部定期开展监管效果评价、建立监管效果评价结果反馈机制、动态调整监管策略，以及子公司应结合评价结果补足自身短板4个方面提出了改善总部对子公司监管效果的建议。

综上所述，本书通过对新一轮国有企业改革背景下国有企业总部对子公司的分类监管模式、监管内容、监管策略选择、决策权配置与监管效果评价的系列研究，形成了一套能够适应国有企业改革政策要求与经营环境的新型监管机制，丰富了国有企业治理的相关研究框架，并能够为改善国有企业总部治理能力、提升子公司经营活力、提高国有资本运营效率提供科学参考，具有一定理论与实践价值。

本书汲取和引用了国内外许多学者的研究成果，并尽可能在书中做了说明和注释，在此对有关专家学者一并表示感谢。

近年来，国有企业改革不断深化，内部监管的理论和实践还有大量新问题需要认真研究和探索。尽管我们做了最大努力，但难免存在一些不尽如人意之处，请大家不吝赐教，以帮助我们不断深化该领域的研究。

编　者

2024 年 1 月

目　录

第 1 章

概　　述

1.1　研究背景与研究意义

1.1.1　研究背景

国有企业作为我国经济社会发展的重要支柱，承担着推动我国社会主义现代化建设、保障人民共同利益的关键使命，国有企业改革（简称国企改革）一直是我国经济体制改革的重要组成部分。进入新时代，国有企业面临的国内外竞争环境日益激烈，转型升级压力愈发紧迫，国有企业现代企业制度仍不健全、国有资产监管体制尚不完善等问题逐步凸显，制约了企业运行效率的进一步提升。2015 年 8 月 24日，中共中央、国务院印发了《关于深化国有企业改革的指导意见》（中发〔2015〕22 号，简称《意见》），拉开了新一轮国有企业改革的序幕，并陆续出台了一系列政策措施。2020 年 5 月 22 日，国务院总理李克强在政府工作报告中提出国企改革方向性要求，提出"提升国资国企改革成效，实施国企改革三年行动"。同年 6 月 30 日，习近平总书记主持召开的中央全面深化改革委员会第十四次会议上审议通过了《国企改革三年行动方案（2020—2022 年）》，为落实新一轮国有企业"1＋N"改革政策和顶层设计制定了具体施工图。

新一轮国企改革以提高国有资本效率、增强国有企业活力为中心，从国有资本监管体制改革和现代企业制度建设两个层面出发，要求推动国有资产监管机构由"管企业为主"向"管资本为主"的职能转变，并建立权责明确、政企分开、管理科学的现代企业制度。新一轮国企改革推行以来，国有资本监管体制改革快速推进，不断释放国有企业经营活力。2017 年国务院出台了《国务院国资委以管资本为主推进职能转变方案》，明确了取消、下放、授权等精简的国资委监管事项共 43 项，进一步明确国有企业各治理主体行权履职边界。2018 年 7 月 30 日，国家发布《国务院关于推进国有资本投资、运营公司改革试点的实施意见》，通过改组组建国有资本投资、运营公司，构建国有资本市场化运作的专业平台，进一步完善国有资产管理体制。2019 年 6 月 5 日，《国资委公布授权放权清单（2019 年版）》再次主动精简 5 大类监管事项。

党的二十大报告指出："深化国资国企改革，加快国有经济布局优化和结构调整，推动国有资本和国有企业做强做优做大，提升企业核心竞争力"。2023 年 2 月，习近平总书记在《求是》发表的《当前经济工作的几个重大问题》文章中对深化国资国企改革、提高国有企业核心竞争力作出重大部署。国有企业需要继续以提高企业核心竞争力和增强核心功能为重点，深入实施新一轮国企改革深化提升行动，坚定不移地推动国有资本和国有企业做强做优做大，在建设现代化产业体系、构建新发展格局中发挥更大作用。

随着国有资产"以管资本为主"的监管格局基本形成，建立现代化企业制度，完善企业总部与子公司的监管机制成为提高企业经营效率、防止国有资产流失的关键保障。《意见》中明确指出"集团公司要依法依规、尽职尽责加强对子企业的管理和监督"，2019 年 4 月 28 日国务院印发的《改革国有资本授权经营体制方案》中更是强调要明确国资授权经营权责边界，国资授权放权要实行清单管理，并制定出台出资人代表机构监管权力责任清单。然而，我国国有企业长期以来形成的管理惯性，为国有企业建立现代化企业制度带来了重重阻力。一方面，企业总部与子公司之间长期属于上下级隶属关系，经营管理权力高度集中，总部"行政命令式"直接指挥子公司的生产经营活动，导致子公司失去自主经营的决策职能，不仅违背了国企改革"层层松绑"的初衷，更减慢了企业决策和反应的速度，严重制约了子公司的经营创效活力。另一方面，由于缺乏系统性的规划设计，国有企业总部流程繁琐、机制僵化、形式主义等问题大量占用人力和时间资源，严重制约了国有企业总部的管理效率。

基于此，为了进一步优化精简国有企业总部职能、转变企业总部与子公司的监管方式，2019 年 10 月 24 日，国资委下发《关于中央企业开展"总部机关化"问题专项整改工作的通知》，并于 10 月 31 日召开了专项整改工作视频会议，要求中央企业切实解决总部错位越位、管得过多过细等问题，调整优化总部职能与机构，转变工作方式与作风，科学有效推进"总部机关化"问题的解决，推进国有企业总部与子公司由"行政隶属关系"向"产业纽带关系"转变。而我国国有企业资产性质本身存在一定的特殊性，肩负着国有资产保值增值的使命与重要的社会责任，且企业规模庞大、业务板块繁多。如何结合新一轮国有企业改革的政策要求，探索激发子公司活力与防止国有资产流失的平衡点，实现国有企业总部职能及其对子公司监管模式的改革重塑，发挥国有企业上下的协同治理效果，成为进一步优化国资监管与国有企业治理亟需解决的重要问题。

综上所述，建立适应国企改革要求的企业总部对子公司的监管机制，不仅是国有企业改革进程中承上启下的关键环节，更是激发国有企业子公司经营活力，提高企业内部管理效率，防止国有资产流失的重要手段。在此背景下，本书立足于我国新一轮国有企业改革的任务要求与国有企业经营管理特征，运用科学的理论与方法，研究构建国有企业总部与子公司的新型监管机制具有充足的必要性。

1.1.2　研究意义

本书将公司治理理论、演化博弈理论、优化决策理论、综合评价理论等理论与方法融入国有企业内部监管机制的研究中，为相关研究领域提供了新的理论借鉴与方法参考。通过研究国有企业改革背景下企业总部对子公司的新型监管机制，对提升国有企业监管效率，激发下属子公司的经营活力，以及推动国有企业改革进程具有重要价值。

（1）通过分析国有企业内部分类监管模式与监管内容，有助于国有企业总部有的放矢，保障监管的科学性。本书结合新一轮国有企业改革中国有企业分类的要求，以及"以管资本为主"的基本导向，提出了适合不同子公司类型的监管模式，并明确了不同模式下的监管内容，从而帮助国有企业总部针对子公司业务情况与所属类型，确定有差异化的监管模式与监管内容，避免对子公司监管"一刀切"的现象。

（2）通过分析不同场景下国有企业内部监管策略选择，有助于国有企业总部精准施策，保障监管的高效性。考虑到在国有企业内部监管的过程中，双方可能存在的动态博弈现象，本书构建了演化博弈模型，并对不同情形下国有企业总部与子公司的策略选择与博弈过程进行了仿真分析，能够帮助国有企业总部根据监管事项与子公司所处的环境，科学预测子公司是否存在违背总部监管意愿的倾向，并有针对性地选择监管策略，从而优化总部监管资源的配置。

（3）通过分析不同场景下国有企业内部决策权配置，有助于国有企业总部适度放权，保障监管的合理性。在总部实施监管策略下，本书构建了J-M决策权配置模型，针对不同监管模式、监管事项的决策权配置层级进行了仿真分析，能够帮助国有企业总部结合监管模式的集权程度与监管事项的重要性，合理配置决策权，做到"不失位、不越位"，提高监管事项的决策效率。

（4）通过评价国有企业内部监管效果，有助于国有企业总部动态调整监管办法，保障监管的长效性。通过建立国有企业内部监管效果的评价指标体系与评价模型，能够全面、真实反映总部监管效果，帮助总部和子公司明确监管过程中存在的不足，从而促进总部监管机制的不断完善，形成监管的长效机制。

1.2　国内外研究现状

结合本书的研究对象及拟开展的研究内容，本节从企业总部对子公司监管内容的相关研究、企业总部对子公司监管策略的相关研究、企业总部对子公司监管决策权配置的相关研究，以及企业总部对子公司监管效果评价的相关研究四个方面梳理了国内外研究动态，并做出了相关评述。

1.2.1　国有企业内部监管内容的相关研究

直接聚焦于国有企业内部监管内容的相关研究较少，国内外学者对集团内部治理的研究对象主要以私有企业为主，其界定了集团内部母子公司之间的委托—代理关系，并分析了母公司对子公司管控的内容，能够对本书研究国有企业内部的监管内容提供参考。

一方面，针对集团公司内部母子公司关系，文献 [1] 认为子公司在国际技术联盟运作及其执行的决策过程中所扮演越来越关键的角色，并以菲亚特汽车集团为例，探讨了其在国际技术合作中的母子公司的关系，以及影响子公司国际技术合作有效性的因素。文献 [2] 研究了在新兴市场经济体国际化背景下，母子公司关系与子公司能力提升的作用机理。文献 [3] 回顾了 20 世纪 60 年代末至今发表在《世界商业杂志》上的对总部与子公司关系研究的 81 篇文章，并将它们与更广泛的国际管理研究和实践领域的趋势联系起来，预测未来研究总部与子公司关系的发展方向。文献 [4] 指出我国国有企业集团经历了计划经济体制与社会主义市场经济体制两个阶段，其所处的政治环境、法律环境与社会环境具有特殊性，并充分考虑国有企业母子公司关系，分析在特殊背景下企业集团协同管理易出现的问题，结合国际先进经验为国有企业集团完善公司治理体系、提高治理水平提供建议。文献 [5] 围绕集团公司与子公司之间的关系问题，借鉴先进的集团管理模式，探讨了处理好集团总部与子公司之间的关系的对策。文献 [6] 指出在全球价值网重构的背景下，母子公司不再是简单的层级关系，已逐渐向网络化、合作化方向发展，并从网络嵌入角度出发，揭示了传统行政型、资源控制型集团总部向增值型集团总部转变的新发展趋势。文献 [7] 指出由于背景环境和经营战略的不同，跨国母子公司关系正面临着严峻的挑战，权力和资源逐渐摆脱传统的过度集中问题，呈分散化趋势，海外子公司日益成为新的权力、资源等优势获得者，基于此，母子公司关系需由单向的控制关系逐渐演变为双向合作伙伴化关系。文献 [8] 和文献 [9] 指出集团母子公司通过并购重组实现了资源整合，母公司以集团整体利益最大化为目标，但子公司的首要目标是追求自身利益最大化，两者之间存在一定的利益冲突。文献 [10] 研究了跨国集团母子公司之间的委托—代理模型中不同的组织内部因素和外部社会条件下，母子公司间委托—代理关系的不同表现形式，并指出在委托—代理关系中，子公司是非完全自利与有限理性的。

另一方面，针对集团内部母子公司间管控内容，现有研究主要关注了治理体系、内部控制体系、财务审计制度的构建与完善等方面。文献 [11] 分析了集团公司内部审计与单一公司内部审计在审计主体、客体、内容及职责方面存在的差异，以及企业集团公司治理与单一公司治理的区别，发现在企业集团中各级成员之间的委托关系使代理链条逐渐延长，在集团公司治理方面，内部审计起到促进健康发展的指导和监督作用。文献 [12] 对企业集团治理结构的模式进行简要介绍，并对资金集中管理的必要性进行了分析，通过典型案例，分析了集团内母子公司间治理结构与资金统一管理存在的问题。文献 [13] 指出以全面预算管理为核心开展集团企业的内部控制体系建设，可以提升企业的内部控制效率，并结合当前的集团企业内部控制存在的问题，提出了如何以全面预算管理为核心开展集团企业的内部控制管理的相关建议。文献［14］以中国广核集团有限公司内部审计为例，在对集团内部审计职能充分分析的基础上，制定了含审计实施、职能管理等层级的规范体系。文献［15］考察了日本、德国和美国跨国公司通过总部直接控制子公司和通过在子公司管理层关键岗位上配置监管人员的间接控制两种控制机制，并通过分析 617 家子公司的数据，发现美国跨国公司更关注前者，而日本跨国公司主要依赖后者，德国跨国公司处于中间位置。文献［16］通过对公司投资者的调研发现，投资者对公司治理的幕后干预及治理动机正在淡化，长期投资者和不太关心股票流动性的投资者更为密集地进行干预。文献［17］强调银行和非金融公司之间的主要区别在于其监管、资本结构、业务和结构的复杂性和不透明度，并发现一些非金融机构公司治理方面的规律对银行并不适用，如董事会独立性与公司绩效之间的相关性。文献［18］考虑了企业内控管理的概念，阐述了现代经济管理控制系统的目标，证实了内控在企业战略目标实施中的关键作用，并提出了利用新的信息技术提高企业控制职能的建议。文献［19］聚焦于能源企业的财务内部控制体系，并对能源生产企业财务内部控制质量的五个要素进行了分析，结果表明，能源生产企业对公司会计审计工作并没有给予足够的重视，应当增强能源企业的会计风险防范意识，增强企业审计制度的全面性与规范性，从而提高能源生产企业内部审计控制的质量和效率。

1.2.2　国有企业内部监管策略的相关研究

国有企业总部在制定对子公司的监管策略时，首先应当明确影响自身监管策略选择的关键因素，并在此基础上结合公司业务性质与母子公司管控关系，制定合适的监管策略。因此，本节主要从影响监管策略的关键因素、监管策略的选择及研究监管策略的方法论三个维度，梳理企业总部对子公司监管策略的相关研究。

针对影响企业总部监管策略制定的关键因素，文献［20］基于集团最高管理者对子公司的注意程度是影响子公司发展最核心的资源这一理论假设，研究了总部关注对子公司绩效的影响。研究表明，拥有高水平战略选择并受到总部关注的子公司的业绩普遍优于其同行，即子公司的自主性、单位间权力和主动性与注意力的交互作用提高了子公司的绩效。文献［21］调查了总部对海外研发子公司的了解程度对其控制水平的影响，发现总部对其海外研发子公司越了解越降低对它们的控制水平。与此同时，子公司合法性受到确认后并不一定会导致总部控制权的减少，总部会根据对子公司当前状况的了解来确定控制程度，而不是凭以往对子公司印象确定对子公司的管控力度。文献［22］指出在现代企业制度下，企业的所有者和管理者分离产生的委托—代理关系，会导致二者之间出现经营目标不一致、信息不对称等问题，并建立了委托人的最优监督模型，讨论了信息对称性对监管的影响，提出了激励监管均衡模型，并用监管替代激励。最后，针对任务的可观察性，借鉴西方国家对非营利性部门产品和服务的激励性监管模式，提出了对国有企业进行评估和监督的有效建议。文献［23］认为集团管控作为集团公司管理控制下属子公司的有效手段，其本质上仍是集团公司意志的体现和目的的达成。这种意志的体现和目的达成的衡量或判断标准就是集团整体利益最大化。文献［24］认为企业集团管控是维护企业核心竞争力的关键要素，集团管控水平直接影响企业战略愿景的达成，并结合企业管理案例，分析了影响集团管控模式风险的相关因素，提出了控制管理风险的具体措施。文献［25］认为资金管理是企业集团的生命线，对企业集团公司来说，资金作为连接母子公司最重要的纽带，发挥着极其重要的作用。集团公司应通过资金管理加强集团内各部门、各层级的联系，使集团公司充分发挥资金管理的整体效果，促进健康、科学的持续发展。文献［26］认为母公司对子公司的持股比例较高时，母公司往往会选择相对积极的监管策略，并对子公司的创新产生负面影响。文献［27］研究了集团总部对海外研发子公司的认知水平对其监管力度的影响，结果表明随着总部对子公司了解程度的降低，对子公司的管控力度和控制水平也会下降。文献［28］指出文化的相似性会影响跨国公司母子公司间的管控体系。文献［29］对影响集团管控模式的相关因素进行了定量分析，指出母公司经营管理水平、战略多元化深度、信息管理水平、组织结构等是影响管控模式的关键因素。文献［30］的研究表明，子公司利润返回能够降低母公司的代理成本，且母子公司之间的代理冲突越高，影响越明显。

针对企业总部对子公司的监管策略选择，文献［31］描述了跨国公司子公司为管理外国分销商而部署的输出和过程控制机制的复杂性能特性，发现总部与子公司之间的管控策略主要通过总部集体协调、子公司自主决策、或总部与子公司之间的双向沟通和协商一致等决策方式制定。并利用德国和日本在美跨国公司的实地数据和贝叶斯模型检验了这些假设。文献［32］指出集团公司应持续跟踪并监控各子公司的财务状况、经营风险等，以促进集团内战略目标的协同统一，推动实现整体利益最大化，并提出有利于提高母子公司财务管控有效性的方法和策略。文献［33］指出"集团管控三分法"理论是目前主流的集团管控划分理论。运用定性与定量分析相结合的方法，梳理案例公司的战略转型过程，并对由传统集团管控模式转向复合型集团管控模式的变革展开重点分析，最终给出了相应的建议性方案。文献［34］聚焦于集团企业内部的财务管控，对影响财务管控的产权管理因素、行政干预因素进行了分析，并从管控的集权程度、融合程度几个方面提出了集团企业财务管控的策略优化建议。文献［35］基于公司间资源扩散理论，指出母公司应根据子公司实际经营采取差异化管理，分析其资源现状，进行资源匹配性分析，选择相应的扩散方式并帮助子公司实现资源内部化，管控的重点在于针对子公司的因素特征进行相应的动态资源扩散管理。文献［36］指出成功的集团公司将严格的管控模式与开放、非正式、灵活的信息沟通交流相结合，而过于正式或非正式的管控可能会对子公司发展带来不利影响。文献［37］认为母子公司之间的关系涉及到股权比例问题，母公司股权比例越高，其对子公司的控制意愿更强烈，并在此基础上提出了母公司对子公司基于控股权的管控模式和基于非控股权的管控模式。文献［38］聚焦于混合所有制的国有企业治理问题，并结合现代产权理论和公司治理理论，提出了改善国有企业公司治理空间的策略。文献［39］构建了影响跨国子公司治理的三维模型，指出随着跨国子公司面临的金融政策不稳定性、约束性与文化距离越来越高，应该加强对其管控的投入力度。文献［40］对拉丁美洲跨国集团中四种母子公司间的矛盾关系进行了梳理，发现母公司处理矛盾的方式决定了子公司的角色特征，并提出了缓解母子公司矛盾的策略建议。文献［41］～文献［44］聚焦于集团内部的财务管控问题，从多个视角出发，提出了避免财务风险，提高集团内部财务管控策略。文献［45］和文献［46］则针对集团公司对子公司内部控制管理中存在的问题，提出了相应的管理策略。文献［47］针对集团内部子公司数量较多，管控成本高等问题，提出了基于事业部模式的母子公司管控方式。文献［48］指出我国国有控股集团公司组建之后，行政性管理方式的保留对集团发展造成了阻碍，应当结合集团发展战略、行业特征、组织规模等因素制定合适的母子公司管控模式。文献［49］指出考虑战略导向型、财务导向型、运营导向型的集团管控三分法在我国集团性企业发展中起到了关键作用，集团总部应该按照自身特点构建适合自己的管控体系。

针对研究企业总部监管策略的方法论方面，当前学者主要运用博弈论的方法研究企业内部监管策略的制定。如文献［50］认为产权关系是母子公司联系的显性纽带，战略协同是母子公司关系的隐性纽带，通过母公司的集权程度与子公司的战略执行程度可以体现出母子公司在博弈中所采取的策略。在影响母子公司行为的因素中，收益分配是母子公司实现纳什均衡时的主要影响因素。文献［51］为了应对集团公司代理问题，在充分考虑子公司能动性的基础上，基于演化博弈理论研究了在母子公司管控中，双方策略选择的相互作用机理，并对影响双方策略选择的关键因素进行了分析。文献［52］认为集团董事会、母公司高级管理层、子公司之间存在着自上而下的管控关系，且集团董事会能够影响母公司、子公司的发展战略，并建立了激励博弈模型，分析了母子公司间管控的均衡策略。结果表明，集团董事会直接对子公司进行考核的管控模式是无效的，如果母公司董事会增加对代理人——高管团队在监控子公司方面的激励措施，则有利于提升集团监控的有效性。文献［53］认为企业集团的财务控制影响着企业生产经营的各个环节，从缺乏完善的财务控制机制、资金运用管理制度和考核指标体系等五个方面提出了母公司对子公司财务控制的困境表现；然后从博弈论的角度分析了母公司对子公司的财务控制；最后分别从委托代理理论和信息技术工具两个方面指出了母公司对子公司财务控制的有效对策。文献［54］基于博弈论视角，以尚未实行债务统筹的大型建筑施工类企业集团为案例企业，对集团资金集中管理进行研究，构建了集团总部与子公司博弈的混合战略纳什均衡模型,分析维持银企关系、奖励金额和惩罚概率等影响集团资金集中统一管理的关系,并提出加强资金集中管控的相关措施。

1.2.3　国有企业内部决策权配置的相关研究

当前,国内外学者针对企业内部决策权配置问题的研究主要基于两种思路,其一是通过构建计量模型,运用可获取的公司数据研究企业决策权配置情况对企业效益、创新等因素的影响,进而反应决策权配置的合理性;其二是通过分析决策权配置过程中的影响因素,通过构建优化模型,为企业决策权配置提供方法参考。

针对企业决策权配置的实证分析方面,文献[55]基于租值耗散理论,选取我国上市公司 2007~2019 年的相关数据,揭示了母子公司间剩余索取权的配置对子公司价值的影响机理,并提出了改善剩余索取权配置的相关建议。文献[56]以我国高科技上市公司作为样本,对子公司管理层决策权的强弱与子公司创新行为之间的关联关系进行了实证分析,结果表明母公司持股比例越高,子公司经理层的自主决策权越弱,子公司的创新性也越低。文献[57]从战略决策权、投资决策权、人事决策权、经营决策权、财务决策权和预算决策权六个方面,研究了事业部型和控股型模式下的国有集团公司内母子公司决策权配置的差别。结果表明大型国有企业的战略决策权和投资决策权集权程度更高。文献[58]认为公司财务决策权配置会因公司政策与首席执行官个人特征而异,并指出当首席执行官超负荷工作时,会倾向于将财务决策权委托给首席财务官。文献[59]构建了 CEO—部门经理决策权配置模型,基于信息不对称与自利性的假设分析了 CEO 授权意愿。文献[60]对德国 6 家跨国公司的子公司经营主动权进行探索性的实证研究,发现母子公司权力关系不对称程度较低(即子公司具有较高的话语权)的情况下,需要经过上报批准的自主经营策略占比很低;在权力关系高度不对称的情况下,子公司的自主经营策略往往必须上报,但获得批准的可能较低。文献[61]以在国外经营的波兰跨国企业子公司为研究对象,分析了子公司在售后服务、分销、销售和营销、采购、生产、研发和财务等各个决策领域的自主性水平。发现波兰跨国公司的子公司拥有很大的决策自由度,对其决策承担全部或部分责任,只有财务决策仍然主要由母公司控制。此外,文章还发现子公司的年龄影响了授予子公司的自主权的程度——在东道国市场上经营时间较长的外国公司拥有更大程度的自主权。文献[62]分析了跨国集团子公司的权力是向母公司外借的还是自身拥有的这一关键问题,并将委托—代理理论和资源依赖理论作为分析子公司经营决策的两个支柱。研究发现,当子公司的决策权是由总部"借出"时,代理理论应用的更多,而当子公司"拥有"其决策权时,资源依赖理论应用的更多。除了针对母子公司经营决策权的自由度的研究之外,还有部分学者围绕单一公司内部的决策权分配问题进行了研究,如文献[63]认为企业家的控制权随着货币政策的实施而逐渐淡化,因此有必要为初始合同中的控制权分配。并提出了一个企业家与投资者之间控制权的分配模型，通过公司未来市场情况激励企业家的控制权价值。文献［64］认为各国的国有企业占据世界经济的很大一部分，且国有企业的政治和商业之间的相互作用与董事会权力分配的作用、成员的动机和决策方法有关。并根据对 22 家印尼国有企业的抽样调查，发现董事会的决策结果受董事个人的动机和决策方法，以及董事会的权力分配的影响。文献［65］研究了企业决策权配置对公司技术创新的影响，指出决策权分离能够促进企业的技术创新，且股权混合度越高的企业，促进效果越明显。文献［66］对子公司战略自主权、经营自主权与企业创新之间的关系进行了实证分析，结果表明战略自主权与企业创新呈现倒 U 形关系，经营自主权与企业创新呈现正相关关系。

针对企业决策权配置的优化模型，文献［67］对不同决策权配置方式的特点进行了分析，并明确了决策成本的产生原因，构建了基于决策成本最优的决策权分配数学模型。文献［68］指出企业决策成本主要包括信息成本和代理成本，决策权最优配置应实现决策成本最低，并据此构建了决策权配置模型。文献［69］指出企业内部决策权配置时需要权衡决策过程中的信息成本和代理成本，并在此基础上考虑时间因素，从行为视角出发构建了企业内部决策权配置的动态循环模型。文献［70］通过引入时间成本，对以信息成本和代理成本权衡来确定最优决策点的 J-M 决策权配置模型进行了修正，运用敏感性分析探讨了各参数变化对决策权配置的影响。在其研究的基础上，文献［71］聚焦于品牌管理的决策权配置问题，在区分不同品牌种类的代理成本和多元参与决策的基础上，对行政管理型、平衡型、自主管理型与治理型四种集团公司品牌管控模式的决策成本进行分析与比较。研究发现针对多品牌的集团公司，治理型品牌管控模式能够有效抑制代理成本，是解决集团公司内部对立，实现多品牌协作的重要手段。文献［72］和文献［73］构建了企业决策权分配的数学模型，并在此基础上研究了信息技术对企业决策权配置的影响，以及不同信息技术对控制决策成本的效果，并据此提出了企业不同集权程度的决策权配置选择机理。文献［74］基于博弈论的方法，对股东与董事会之间的权力分配问题进行了深入分析，并提出了企业决策权配置的策略建议。文献［75］以产权理论、委托代理理论和信息经济学等为基础，分析了财务决策权配置的影响因素，并基于各影响因素建立了上市企业财务治理权配置的基本模型，并提出了优化我国上市公司财务治理的措施。此外，其他学者还针对不同决策权的配置问题进行了分析，如文献［76］研究了决策权配置与公司盈余管理之间的关联关系，分析了决策权配置对投资效率的作用，结果表明，当决策控制权独立性较强的情况下，并无证据表明盈余管理与投资效率的显著相关性；在盈余管理程度较低的公司中，并无证据表明决策制定权和控制权与投资效率的显著相关性。文献［77］指出决定董事会与 CEO 战略决策权配置的根本原因是其在战略决策中的控制权，并提出 CEO 权力、所有权类型及企业资源获取需求三种前置因素，在此基础上分析了三种前置因素对董事会与 CEO

战略主导权产生影响的方式。文献［78］建立了一个集团网络决策权配置模型，将决策权分为战略决策权和经营决策权，并根据其对公司发展的影响，设计了 4 种决策权配置的模式，在此基础上，构建了两阶段 DEA 模型，分析了不同模式决策权配置的效果。结果表明。掌控型模式效率最高，对集团整体的长期绩效提升有着积极作用；掌控型模式需加强对顾客满意度的关注；母公司主导型模式则有利于推动形成集团内部的学习氛围；子公司主导型模式有利于加强集团网络中财务管理与客户维护，进一步提高内部运营效率。

1.2.4　国有企业内部监管效果评价的相关研究

现有文献中，几乎没有针对企业总部对子公司监管效果评价的直接研究，国内外学者主要通过实证分析，验证总部对子公司不同方面的监管对子公司带来的影响，来反映总部的管控效果。如文献［79］通过对国有集团公司董事会建设对子公司全要素生产率的实证分析指出，董事会成立有助于完善母公司治理手段，能够促进子公司全要素生产率的提升。文献［80］将母子公司间的制度距离纳入子公司盈余管理的研究视角内，发现母子公司的制度距离越大，子公司的应计盈余与实际盈余之间的差距越大。文献［81］对于新兴市场跨国企业中母公司管理控制对子公司绩效的影响进行了实证分析，发现母公司控制对子公司绩效具有中介作用。文献［82］研究了跨国企业母子公司治理与东道国治理对子公司生存的影响，表明母公司通过外派人员和设置地区总部等监管方式，能够对国外子公司的生存发展产生积极影响。文献［83］探讨了公司治理边界对公司投资效率的影响，实证分析表明，扩大公司治理边界可以显著提高投资效率。文献［84］的研究表明母子公司治理过程中，总部资源配置策略影响子公司创造价值的能力。文献［85］采用财务指标分析和因子分析两种方法，对集团公司实施财务管控后的绩效进行了检验，结果表明并非所有实施财务管控的公司都能实现预期目标，应当优化企业资源，并结合所处行业特点与内外部环境建立有效的财务管控模式。文献［86］研究了社会型管控模式与机关型管控模式对子公司短期绩效的影响，表明社会型管控对子公司绩效产生了倒 S 形效应，而机关型管控模式对子公司绩效的影响呈现倒 U 形，因此母公司在管理子公司时应注重上述两种管控之间的平衡关系。

还有部分学者以独立公司为研究对象，研究公司治理对企业经营带来的效果。如文献［87］以 2003 年的样本为基础，实证分析了中国上市公司的公司治理指数对企业资产收益率、总资产周转率、总资产增长率等财务指标的相关关系，表明良好的公司治理机制能够提高上市公司的盈利能力、经营效率、增长和发展潜力。文献［88］通过对欧洲上市企业的实证分析指出，良好的公司治理能够促进普通股收益进而提高公司价值，但公司治理标准却与公司绩效指标之间存在负相关关系。文献［89］使用了随机分析前沿模型，从内部公司治理的角度对 63 家酒店绩效进行了评估，结果表明，独立董事在董事会中的比例与酒店绩效呈正相关。文献［90］运用描述性统计方法对企业治理与绩效之间的关系进行了研究，并指出企业在计划、协调、监督、组织文化等方面的良好治理对企业绩效、企业可持续性复杂具有显著影响。

此外，还有部分学者针对政府监管对行业、企业发展的效果进行了评价，能够为本书构建国有企业内部监管效果的评价指标体系带来一定的参考价值。当前国内外学者采用调研访谈、构建评价模型等方法，对包括电力、食品安全、金融等不同行业领域的监管效果进行了评价。文献［91］访谈了来自咨询、心理健康护理、心理学和社会工作四个专业的从业人员，探讨了他们对各自行业监管方式的评估。访谈的结果表明，大多数行业的监管会采用相应评价的方式，但往往评估并没有反映正式评估的总体组织或专业文化，而是由一个或两个参与者（主管和被监管人）发起的个性化的特别过程。文献［92］通过建立评价模型，分析了新一轮电力行业改革的主要内容，并对"电改 9 号文"的进步之处与不足之处进行了分析，最后提出了相应的解决方案，这些解决方案对今后我国电力工业改革具有相当的理论和现实意义。文献［93］认为可持续发展是使城市化得以继续的必要条件，城市可持续发展可以通过一个既考虑社会经济发展又考虑生态基础设施建设的指标体系来监测。并设计了包含 22 个指标的评价体系，运用全排列多边形综合指标法，对中国三个城市规模的社会经济发展、生态基础设施建设和综合可持续性指标值进行了分析。文献［94］构建了食品安全监管信息透明度的评价指标体系，并运用模糊网络层析分析法（Fuzzy Analytic Network Process，Fuzzy-ANP）综合评价模型对我国食品安全监管的信息透明度进行了评估。文献［95］指出金融监管是金融管理部门执行有关法律对金融机构进行监督和监管的权力，主要目的是整个安全的金融银行业务、金融公平贸易和维护金融秩序。并以重要性—绩效分析（Important-Performance analysis，IPA）方法为基础，分析了我国银行监管的成就，并在此基础上对我国银行监管政策进行了改革。

1.2.5　研究动态评述

通过对国内外相关文献的梳理可以发现，长期以来，集团公司内母子公司治理随着企业制度的完善与经济社会环境发展而不断演进，在不同环境、不同研究视角下集团内部母子公司之间的管控关系、管控模式、管控策略也千差万别，这些研究成果能够为本书提供很好的理论基础与方法借鉴。但随着我国新一轮国有企业改革的推进，上述研究的成果无法满足新的政策环境下我国国有企业内部监管的要求，具体表现为以下几个方面：

（1）新一轮国有企业改革的相关政策中将我国国有企业划分为商业类国有企业与公益类国有企业，其中，商业类国有企业主营业务的不同，又存在竞争型与垄断型之分。而现有研究主要关注了市场化程度较高的私有集团与国有上市公司，忽略了垄断型国有企业和公益型国有企业内部监管的问题，没有全面、系统地提出适用于各类国有企业的总部对子公司监管的监管模式与监管内容。

（2）关于企业总部对子公司监管策略的研究主要是针对某一具体事项监管的（如财务管控）问题与对策的梳理，并未上升到对整个子公司的监管策略的视角。少数学者运用博弈论方法对母子公司管控策略进行了分析，尽管能够为本书研究提供方法借鉴，但其并没有进行算例分析验证模型的有效性，也没有结合国有企业的具体情况提出相应的监管策略建议，对新一轮国有企业改革下企业总部对子公司监管策略的选择发挥的支撑作用有限。

（3）关于企业总部与子公司决策权配置的相关研究主要是基于决策权配置对公司绩效影响的视角出发，通过实证侧面反映决策权配置的合理性，而没有直接解决决策权配置的问题。个别学者构建了决策配置模型，但其基本以独立企业为主，尚未结合过国有企业内部不同的监管模式以及不同的决策事项进行决策权配置的深入分析，且并没有进行算例仿真验证模型的有效性，对新一轮国有企业改革下企业总部与子公司间决策权配置的参考价值有限。

（4）关于企业总部对子公司监管效果评价的相关研究主要基于母公司管控力度、管控方式等因素对子公司绩效、股价的影响展开，通过实证分析验证母公司在特定领域的管控效果，而没有运用科学的评价方法，直接对国有企业内部监管效果的评价研究。此外，通过文献查阅发现，国内外学者就政府监管效果问题进行基于综合评价模型的直接分析，其指标选取思路、模型方法能够为研究企业总部对子公司监管效果评价提供一定的借鉴。

1.3　研究内容与技术路线

1.3.1　主要研究内容

国有企业内部的监管是新一轮国有企业改革进程中承上启下的关键环节，构建新型监管机制不仅是国有企业改革的政策要求，也是在国内外市场竞争日趋激烈的环境下，提升国有企业内部管理效率，实现国有资产保值增值的重要保障。基于此，本书将公司治理理论、演化博弈理论、优化决策理论以及综合评价理论等科学理论方法与国有企业改革要求、国有企业经营特征相结合，通过研究国有企业改革背景下企业总部对子公司的监管模式、监管内容、监管策略选择、决策权配置以及监管效果评价等一系列问题，最终建立起一整套科学有效的国有企业内部监管机制，从而为国有企业高质量发展提供参考。本书的主要研究内容如下：

（1）国有企业改革背景下企业总部对子公司的监管模式及内容分析。结合国有企业改革对国有企业分类和国有企业监管提出的政策要求，对国有企业改革背景下企业总部与子公司的职能定位进行界定，并划分国有企业及其子公司类型。提出国有企业内部监管的模式，并建立不同监管模式、不同类型子公司、不同监管内容之间对应关系，实现对子公司的分类监管。

（2）国有企业改革背景下企业总部对子公司监管策略选择研究。考虑国有企业总部与子公司在监管过程中的动态博弈特征，构建总部与子公司的演化博弈模型，并确定了国有企业总部与子公司演化博弈的均衡策略。在此基础上，设计算例对不同监管模式下总部与子公司策略选择的演化博弈过程与结果进行仿真，验证模型的有效性，挖掘影响双方策略选择的关键因素，并提出相关政策建议。

（3）国有企业改革背景下企业总部与子公司决策权配置研究。分析影响决策权配置的相关成本，并构建基于决策成本最优的 Jensen-Meckling（J-M）决策权配置模型。设计不同监管模式、不同监管事项的决策权配置算例，通过仿真验证 J-M 决策权配置模型的有效性，挖掘影响决策权配置的关键因素，并提出相关建议。

（4）国有企业改革背景下企业总部对子公司监管效果评价研究。明确国有企业内部效果的评价内容，构建监管效果评价的指标体系。构建基于 DEMATEL-ANP 的指标赋权模型与基于 Vague 集的模糊综合评价模型。并选取评价对象进行算例分析，验证评价模型的有效性。根据评价结果，提出改善国有企业内部监管效果的相关建议。

1.3.2　研究技术路线

针对上述研究内容，本书分别运用矩阵式分类法、演化博弈模型、J-M 决策权配置模型、基于 DEMATEL-ANP 指标赋权模型与基于 Vague 集的模糊综合评价模型等方法，展开了国有企业内部的监管模式、监管内容、监管策略、决策权配置与监管效果评价等内容的研究。如图 1-1 所示，本书的具体研究技术路线如下：

（1）国有企业改革背景下企业总部对子公司的监管模式及内容研究。首先，结合新一轮国有企业改革的政策要求与企业业务特征，明确国有企业总部与子公司职能定位，并划分国有企业类型，从而为明确差异化的监管模式与监管内容提供依据。其次，对比 5 种监管模式的内涵特征与优缺点，分析国有企业选择监管模式的影响因素，并据此建立不同类型子公司与管控模式的映射关系，提出不同子公司的分类监管模式。最后，结合不同管控模式的特征，从通用型和选择型两个方面对监管内容进行了分析，并结合不同监管模式特征，对上述内容进行组合，明确了不同监管模式对应的主要监管内容，从而为后续研究奠定基础。

（2）国有企业改革背景下企业总部对子公司监管的策略选择研究。首先，对国有企业与子公司之间的博弈关系进行分析，提出二者在监管过程中博弈的假设条件，并据此建立国有企业与子公司的支付函数，从而构建演化博弈模型。其次，根据构

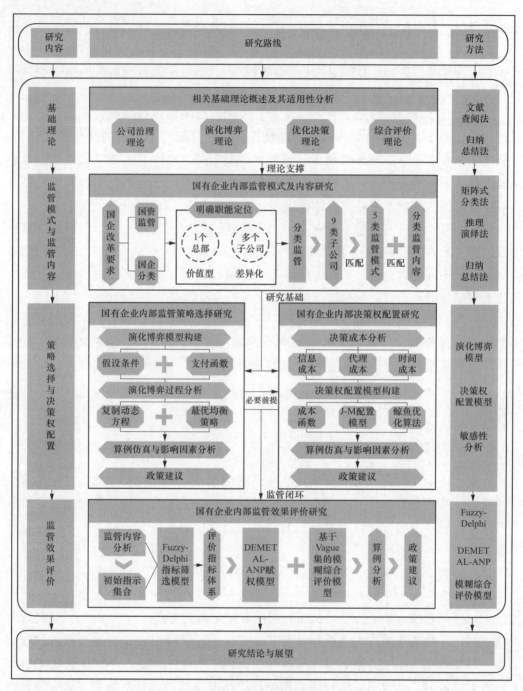

图 1-1　研究技术路线图

建的演化博弈模型，分析国有企业对子公司监管的演化博弈过程，确定二者演化博弈的最优均衡策略组合。然后，按照国有企业内部的不同监管模式设计演化博弈算例，通过仿真验证模型的有效性，揭示不同参数对演化博弈过程与结果的影响，从而明确总部对子公司监管策略选择时需要考虑的核心要素。最后，根据本章研究内容与仿真结果，提出国有企业内部监管策略选择时的相关建议。

（3）国有企业改革背景下企业总部与子公司决策权配置研究。首先，对企业决策权配置过程中的信息成本、代理成本、时间成本进行分析，建立不同成本的数学函数。其次，基于决策成本最优原则，构建 J-M 决策权配置模型，并分析模型求解算法。然后，从"同一监管模式不同监管事项"与"不同监管模式同一监管事项"两个维度出发，设计国有企业总部与子公司决策权配置的算例，通过仿真验证模型的有效性，并揭示不同参数对决策权配置结果的影响机理。最后，根据本章研究内容与仿真结果，提出国有企业总部与子公司决策权配置的相关建议。

（4）国有企业改革背景下企业总部对子公司监管效果评价研究。首先，分析国有企业内部监管效果评价的内容，建立起可供选择的初始指标集合。其次，运用 Fuzzy-Delphi 方法，对初始指标集合中的各个指标进行筛选，从而建立起国有企业内部监管效果评价指标体系。在此基础上，构建基于 DEMATEL-ANP 的指标赋权模型与基于 Vague 集的模糊综合评价模型，并选取 G 企业及其下属的 3 家子公司作为评价对象，通过算例分析验证模型的有效性。最后，从改善监管效果维度提出国有企业内部监管的相关建议。

1.4　本书创新点

（1）提出了国有企业子公司分类及其对应的监管模式，为构建国有企业内部新型监管机制奠定了基础。通过明确国企改革背景下国有企业总部及子公司的职能定位，并从业务类型与股权结构两个维度出发，将国有企业子公司划分为国有独资竞争型商业类、国有独资垄断型商业类、国有独资服务型公益类、绝对控股竞争型商业类、绝对控股垄断型商业类、绝对控股服务型公益类、相对控股竞争型商业类、相对控股垄断型商业类、相对控股服务型公益类共 9 种类型。在此基础上，提出了不同类型子公司与财务型监管模式、财务—战略型监管模式、战略型监管模式、战略—运营型监管模式、运营型监管模式之间的对应关系，并明确了不同监管模式下国有企业内部的监管内容。与现有文献主要关注市场化程度较高的国有上市公司相比，本书考虑了新一轮国有企业改革对国有企业分类的要求，并全面、系统地分析了总部对不同类型子公司的监管模式与监管内容，具有一定的创新性。

（2）构建了国有企业内部监管的演化博弈模型，为总部监管策略的选择提供了科学方法。本书考虑了国有企业内部监管时双方的动态博弈过程，构建了演化博弈模型，分析了双方的最优均衡策略组合，并设计了不同监管模式下的演化博弈算例，通过算例仿真与参数敏感性分析，挖掘了影响总部与子公司策略选择的关键因素。与现有研究仅聚焦于单一监管领域的策略或仅构建博弈模型而未进行算例仿真的现状相比，本书考虑了国有企业改革背景下国有企业内部不同监管模式的特性，并通过算例仿真验证了模型有效性、挖掘了影响监管过程中双方策略选择的关键因素，能够为国有企业总部选择合适的监管策略提供更加直接、有价值的参考，具有一定的创新性。

（3）构建了国有企业内部监管的 J-M 决策权配置模型，为总部与子公司间决策权的配置提供了有效依据。本书针对国有企业内部实施监管过程中的决策权配置问题，建立了决策权配置中的信息成本、代理成本、时间成本函数，构建了基于决策成本最优的 J-M 决策权配置模型。并通过进行"同一监管模式不同监管事项"与"不同监管模式同一监管事项"的 9 个算例仿真，挖掘了影响决策权配置的关键因素。与现有研究基于实证分析侧面反映决策权配置合理性或仅建立 J-M 决策权配置模型而未进行算例验证的现状相比，本书聚焦于决策权配置的问题，考虑了国有企业内部不同监管模式、不同监管事项的决策权配置差异，并进行了算例仿真验证了模型的有效性，挖掘了影响决策权配置的关键因素，能够为国有企业总部和子公司的决策权配置提供更加精准的决策依据，具有一定的创新性。

（4）构建了国有企业内部监管效果的综合评价模型，为监管机制的动态优化提供了关键支撑。本书结合国有企业内部的监管内容，以及影响总部监管策略和决策权配置的关键因素，运用 Fuzzy-Delphi 方法筛选了评价指标，建立了国有企业内部监管效果的评价指标体系。在此基础上建立了基于 DEMATEL-ANP 的指标赋权模型和基于 Vague 集的模糊综合评价模型，并选取 G 企业及其下属的 3 家子公司开展实证分析。与现有文献通过实证分析侧面反映国有企业总部对子公司在特定领域的管控效果相比，本书将综合评价理论引入国有企业内部监管机制的研究中，不仅构建了全面反映总部监管效果的评价方法，更有助于企业总部动态调整监管机制，促进监管效果的持续改善，具有一定的创新性。

（5）提出了国有企业内部的新型监管机制，能够为国有企业落实"管资本为主"的改革要求提供决策参考。如前文所述，本书在对国有企业子公司进行分类的基础上，系统研究了总部对子公司的分类监管模式、监管策略选择、决策权配置与监管效果的评价，最终形成了一套能够有效闭环的监管机制，不仅丰富了国有企业治理的相关研究框架，还有助于国有企业落实"管资本"为主的政策要求，推动总部深化"去机关化"改革，提升企业管理能力与国有资本运营效率。

第 2 章

理 论 基 础

新一轮国有企业改革的不断深化为国有企业内部监管提出了新的要求，为了科学构建国有企业内部的新型监管机制，本章针对本书研究内容中涉及的基础理论及方法进行了梳理与介绍，并分析了其在本书研究过程中的适用性与关键作用，从而为后续章节的研究奠定扎实的理论基础。具体而言，本章分析的基础理论包括公司治理理论、演化博弈理论、优化决策理论和综合评价理论四部分。

2.1 公 司 治 理 理 论

公司治理理论是企业管理中关于企业治理结构和权责关系的理论科学，本节内容对公司治理理论的相关概念及特征进行了梳理，并回顾了我国国有企业改革的历程，指出了国有企业公司治理的特殊性。

2.1.1 公司治理理论概述

公司治理理论最早可追溯到 20 世纪 30 年代。1932 年，伯利（Berle）和米恩斯（Means）通过对 200 家大型企业的调查发现许多没有公司股权的高层管理者掌握着企业的实际运营，并做出了公司所有权与控制权分离的重要论断[96]。20 世纪 80 年代，伴随着企业规模的逐渐增大，企业所有者无法独立完成企业经营与决策事务，故将企业经营权逐步移交给职业经理人，导致了企业所有权与经营权的分离现象的频繁发生[97]。此后，职业经理人作为企业实际运营的管理者，其对企业的控制权不断上升，与企业资产所有者之间矛盾也不断激化，进而衍生了公司治理问题。

随着公司治理问题的日益严重，公司治理理论也得到了长足发展，经典的公司治理理论包括超产权理论、委托—代理理论与利益相关者理论等。其中，超产权理论认为公司产权的变动仅仅是公司机制变革的一种手段，本身无法刺激职业经理人增加对公司运营管理的努力和投入程度，只有引入市场化机制才能够促进公司自身治理体系的完善[98]，该理论的提出为后续多个国家国有企业的混合所有制改革提供了重要理论依据。委托—代理理论指出，企业的所有者和经营者之间管理目标不一致、承担的风险不对等且存在严重的信息不对称问题，因此，公司治理的核心是公司所有者作为委托人对经营者（代理人）进行有效管控，从而保障自身利益的最大化[98]。利益相关者理论可看作是广义的公司治理理论，其强调除公司经理层、股东大会和董事会之外，公司治理还应包括客户、政府等公司利益相关者之间的制度、规定和法律法规，重点内容是公司的控制权分配和剩余索取权分配，是公司分配制度的综合性描述[99]。

此外，公司治理理论认为，公司治理具有两个显著的特征，即权责明确和委托与监管并存。权责明确主要指公司治理中，随着公司治理主体的多元化特征凸显，不同治理主体之间的权利和责任应当进行清晰界定。具体而言，公司治理的各个治理主体既有纵向权责结构，又有横向权责结构，最终形成了各司其职，互相制衡，协同并进的公司治理权责体系。明确的权责体系可以提高保证公司决策的效率，国外的许多大型公司在权责体系的构建中逐渐形成了一套完善的权责分配机制，但在我国的公司治理历程中，因为资本来源的特殊性和最高利益的异质性，导致权责混乱的现象时有发。在公司治理的实践过程中，权责结构的搭建是重中之重，如何确保各个权利机构能明确自身权责来源，各权利机构是否实现权责的全范围覆盖而不产生冲突，是否具备履行权责的能力，是公司治理的权责设计中必须考虑的三个问题。

委托与监管并存指的是现代公司的资产规模和股东数量不断增长使得股东大会的权利分散在多个利益相关者手中，因此衍生出了股东大会委托董事会行使股东大会的部分权利的委托制度，同时董事会也会接受股东大会的监管，并将经营管理权委托给经理层并对其实施监管，由此形成了"委托—监管"并存的公司治理制度。从企业的经济组织的角度出发，凡是资产委托，必有资产监管，以保证经理层的决策符合董事会的利益，董事会的决策符合股东大会的利益，这是公司治理中的基本原理，也是主要特征。

2.1.2　国有企业改革历程

我国国有企业具备社会性及政治性的双重特性，这一特性决定了国有企业的经营目标不单单是实现盈利，更应是作为国民经济的重要支柱服务于国家战略目标的实现。国有企业的改革历程与我国国民经济发展的周期相符，在国有企业建立之初是为了完成我国计划经济基础建设，其作为政府领导下的生产单位进行运营，不以单纯盈利为目的。在改革开放初期，国有企业为我国经济的蓬勃发展贡献了技术和人才，实现了与社会主义市场经济的融合，并承担了更大、更广的政治、社会、经济责任。具体而言，我国国有企业改革主要经历了以下五个主要阶段。

1. 计划经济阶段

新中国成立伊始，我国参照苏联的社会经济发展模式，建立了中央领导、逐级分配、分级管理的计划经济体制。此阶段我国以国营企业的方式对国有资产进行管理，以中央政府直营为主要模式，形成以政府计划指令作为管理运营办法的国营企业体制机制。政府享有国营企业的所有权和经营权，兼具企业股东和经营管理双重角色，国营企业按照政府计划进行生产经营，企业严重缺乏积极性。为解决国营企业在中央政府高度集权下日益显现的各类弊端，国营企业的第一次改革在中央和地方两级政府的权责分配领域展开探索。1958 年，由国务院主管的工业部门所属国有企业资经营管理权下放至地方政府，地方政府可根据自身需求制定国有企业经营计划，但由于缺少相关监管制度，使得各地国营企业生产计划出现高度同质性，导致了严重的资源浪费。由于放权至地方政府的改革措施并未取得成效，中央政府重新收回了下放的经营管理权，重新实施中央集权的国营企业监管体制，并调低了国营企业的留存利润额度。1970 年，中央政府再次将经营管理权下放至地方政府，但计划经济体制导致的国营企业依附于政府行政管理的模式依旧存在，国营企业缺乏自主经营管理权的弊端仍然存在，此次改革仍未能取得成效。

2. 改革开放阶段

改革开放时期，我国进入了社会主义市场经济体制建设新阶段，国营企业改革也随着市场经济制度的建立开始了有益探索，此阶段主要实施了"经济责任制"和"承包经营责任制"两项重要改革制度。1978 年，国务院以四川为试点，开始了以下放国营企业经营权为主要措施的改革探索，至 1980 年，超过六千家国营企业成为"让利放权"试点企业。尽管此次改革在自主经营、利润留存、资产管理、机构设置等方面均出台了多项文件保障"让利放权"试点得到顺利实施，在一定程度上激发了国营企业的积极性，但组织体系和监管机制的不完善仍然导致了"九龙治水"的管理问题，企业经营效益提升成效并不明显。1981 年，为实际提升国营企业的经营效益，国务院发布了《关于实行工业生产责任制若干问题的意见》，提出了"经济责任制"的改革要求，并明确了经济责任制中关于权责关系和利润分配的相关内容，提出将国营企业的经济利益落实到实际的生产经营活动中，一定程度上激发了国营企业活力，但改善企业经济效益的效果并不显著，政府和企业的利润分配机制仍未能摆脱计划经济体制的束缚。1981 年，国务院决定实施"两权分离"改革，即将国营企业的所有权和经营权分割开来，以首钢为试点开展利润包干的"承包经营责任制"改革探索。1987 年全国承包经营责任制会议召开，我国国营企业承包经营责任制改革正式在全国开始推广，企业经济效益得到了显著提升。

3. 现代企业制度初创阶段

自 1988 年开始，我国开始了现代企业制度的建设探索阶段，在总结前期改革成果的基础上，逐步推动组织机构、权责结构和经营机制等重要改革措施，为后期深化国有企业体制机制改革奠定了基础。1988 年，经国务院批准，我国成立了国有资产管理局，其主要职能是将政府国有资产的所有权和管理权相分离，在产权层面为"政企分开"做出了有益探索，但后来在组织机构调整中，国有资产管理局被撤销，其职能并入财政部。1993 年，第七届全国人大代表大会将社会主义市场经济正式纳入国家法律，将"国营企业"变更为"国有企业"，在法律层面将所有权和经营权进行了定义。同年，十四届三中全会审议通过《关于建设社会主义市场经济若干问题的决定》，明确"实行国家统一所有、政府分级监管、企业自主经营的国有资产管理体制"，并要求国有企业要建立现代企业制度，实现"产权清晰、权责明确、政企分开、管理科学"。此外，《中华人民共和国公司法》也于 1993 年生效，我国现代企业制度开始在法律层面得到明确规定。次年，国务院出台了针对大中型国有企业现代化企业制度改革的试点工作指导方案，并选取了 100 家单位作为试点单位，至 2002 年，我国国有企业现代企业制度初步创建，但在部分大型国有企业中，尤其是电力、能源领域的大型国有企业，现代企业制度虽然已经初具框架，其内部治理机制却仍不健全。

4. 国有企业深化改革阶段

经历了计划经济体制到社会主义市场经济体制的多次改革后，我国国有企业改革开始进入深水区，国有企业在深化"政企分开"、完善现代企业制度和利润分配机制等多个领域实施了多项改革措施。2003 年 5 月，我国国务院设立了国有资产监督管理委员会（简称国资委），实现了政府作为社会治理者与企业出资人双重角色的分离，在一定程度上促进了国有企业管理的"政企分开"。但与此同时，国资委具备资产管理权和人事管理的双重权力使得国有企业经营管理权并未完全松绑。2004 年，国资委选择了 7 家中央企业作为董事会制度建设试点单位，在完善公司内部治理机制的同时，进一步明确国资委履行出资人职责的工作核心是对国有企业董事会、监事会的监管工作。现代企业制度下具有代表性的董事会制度的建立提升了国有企业的自主决策权，但董事会成员和经理层的政治属性仍然存在对企业经营管理积极性的制约。2007 年 9 月，《关于实行国有资本经营预算的意见》经国务院发布，并逐步开始在全国范围内推广实施，政府行使股东收益权制度建立，国有企业利润分配制度得到进一步完善。

5. "1＋N"政策体系下的新一轮国有企业改革阶段

党的十八大以来，国有企业改革迈入了新阶段，中共中央、国务院进一步加强了对国有企业改革的顶层设计，形成了"1＋N"政策体系。其中，2015 年 9 月发布的《关于深化国有企业改革的指导意见》是新一轮国有企业改革的纲领性文件，明确了国有企业改革的总体要求，确定了国有企业分类、现代企业制度建设、国有企业混合所有制改革、以及国资监管等多项改革措施。2016 年，国务院决定开展"十项改革试点"工作，从落实董事会职权试点、市场化选聘经营管理者试点、职业经理人试点等十个方面开展专项改革。2018 年，国务院国资委发布《关于开展国企改革"双百行动"企业遴选工作的通知》，标志着新一轮国有企业改革已经完成了从单项改革试点向成批国有企业综合改革的重大转变。2020 年《国企改革三年行动方案（2020—2022 年）》发布，进一步明确了落实国有企业改革"1＋N"政策体系和顶层设计的具体施工图。

2.1.3　国有企业治理特性

公司治理理论的发展及西方国家公司治理实践为我国国有企业治理提供了重要参考。然而，我国国有企业的资产性质本身存在一定的特殊性，并且在国有企业改革的进程中，逐步形成了具有中国特色的现代国营企业制度。习近平总书记指出在国有企业改革过程中，不能生搬硬套国外的做法，必须坚持党的领导与现代企业制度两个"一以贯之"，即在加强国内外经验总结、学习的同时，也要深入探索我国国有企业治理的特殊性，才能尽快形成既符合现代公司治理要求，又符合中国特色的制度安排。我国国有企业治理的特殊性主要包括以下四个方面。

1. 治理目标的特殊性

国有企业的治理目标与其资本属性密切相关，在经营过程中，国有企业不但要实现提高资本运营效率，建立现代化企业制度等一般性公司治理目标，还应该兼顾政治服务目标与社会服务目标。

（1）国有企业应以提高国有资本运营效率为首要目标。增强国有企业活力，防止国有资产流失，提高国有资本效率，是贯穿历次国有企业改革的重要原则，是公司治理维度下股东利益保护的更高要求，也是国有企业发挥市场主体地位的必然责任。因此，国有企业应以提高国有资本运营效率为首要目标。

（2）国有企业应以完善现代化企业制度作为企业治理的重要目标。按照《中共中央关于全面深化改革若干重大问题的决定》《关于深化国营企业改革的指导意见》等政策文件中对国有企业建立现代企业制度的相关要求，国有企业仍需继续推动所有权和经营权分离，理清不同治理主体间的权责关系，并建立各级管理层各司其职、协调制衡的治理结构。

（3）国有企业还兼顾政治服务目标与社会服务目标。国有企业不仅是支撑我国经济发展的经济组织，更是中国共产党领导的政治组织，国有企业应当积极践行国家战略导向与政策要求，坚持以人民为中心，强化社会责任感与道德责任感，从而实现全社会福利的最大化。

2. 治理机制的特殊性

国有企业公司治理机制特殊性是权责关系的之间映射，主要有股东权利行使缺位和经理层高度控制两个特征，即国有企业公司治理的重要领域是权利的监督和制衡，而国有企业的改革则注重激发活力。国有企业公司治理机制的特殊性主要体现在内部决策特殊性和外部监督特殊性两方面。

（1）内部决策特殊性主要表现在与西方国家公司治理的"三会一层"权责分离、层层监督的机制不同，国有企业具有独特的"三重一大"决策机制属于内部决策的特殊制度，要求对"重大决策、重要人事任命、重大项目安排、大额度资金运作"应当集体行使决策权，并执行相应的程序。

（2）外部监督特殊性主要表现在各公司治理主体在正确行使权力的同时，还需要根据具体的行为或事务，向外部监督的实施方，即国有资产监督管理委员会执行对应的报批、核准、报备等程序，这是国有企业外部监督特殊性的具体体现。

3. 治理维度的特殊性

在传统西方公司治理模式中，公司治理要求内部符合公司治理制度、外部符合法律法规，呈现出治理维度的简洁性。而我国国有企业的公司治理往往涉及多个治理主体，由此衍生出公司治理的多维度特殊性，除公司内部治理制度、法律法规外，国有企业还需要符合党的规章制度、政府机构政策等多个其他治理维度的要求，呈现出多维度公司治理的立体网络结构。一方面，基于国有企业的公共性、国有资产管理的系统性、复杂性，国有企业公司治理不仅要满足一般性的合法合规，还需要兼顾党和政府的国有资产管理政策。另一方面，在治理实践中，党的政策和政府机构的指导性规章比一般性的法律文件要更具备实践意义。

4. 治理结构的特殊性

习近平总书记曾在全国国有企业党的建设工作会议上指出，"中国特色现代国有企业制度，其特色在于党融入了公司治理的各个环节中，把企业党组织内嵌到公司治理结构之中"。《关于深化国营企业改革的指导意见》中更是明确要求"把加强党的领导和完善公司治理统一起来，将党建工作总体要求纳入国营企业章程，明确国营企业党组织在公司法人治理结构中的法定地位，创新国营企业党组织发挥政治核心作用的途径和方式"。因此，在国有企业治理结构中，在国有企业治理中加强党的领导，发挥党组"把方向"的重要作用，不仅是国有企业优势的根本所在，也是国有企业公司治理重要的特殊性所在。

2.2 演化博弈理论

演化博弈理论是博弈论的重要组成部分，其在社会科学领域相关问题的研究中，与传统博弈理论相比具备更好的现实解释能力，其对于各主体间动态博弈过程的刻画更加贴近现实。本节对演化博弈理论的基本概念和演化博弈问题的求解流程进行了介绍，并根据本书研究内容分析了演化博弈理论的适用性。

2.2.1 演化博弈理论概述

博弈论最早源于匈牙利数学家 Neumann 与经济学家 Morgenstern 著作的《博弈论与经济行为》一书[100]。随着学者们对博弈论及其方法的不断研究与拓展，博弈论已被广泛应用于社会学、经济学等领域，成为了解决社会科学中相关决策问题的常用方法。传统的博弈理论基于完全理性和完全信息假设，其博弈主体总是追求个人利益的最大化，且总是可以精确地选择最优策略。然而在博弈过程中，博弈主体制定策略的环境可能随时发生变化，且其无法知晓所有的策略及其结果，因此，传统博弈理论得到的纳什均衡[101]并不能满足现实经济生活的需要。为了更好地解决现实中复杂的博弈问题，考虑博弈个体的异质性和有限理性，演化博弈理论应运而生。

　　演化博弈理论是将博弈理论分析和动态演化过程分析相结合的理论，其来源于生态学家 Smith 和 Price 对动物冲突与合作行为的博弈分析[102]，并在 20 世纪 80 年代被引入经济学问题的研究当中。演化博弈的主要研究对象是在博弈中各参与主体的决策及对决策均衡结果的分析，进而解释或者改进博弈结果。演化博弈理论认为博弈主体是有限理性的，即博弈主体并不会全部采用完全理性假设下的博弈均衡策略，且博弈方做出的反映策略并非"一锤定音"，而是可以随着博弈过程的推进不断调整和改进的，即使达到了均衡也可能存在再次偏离现象。此外，有限理性的博弈主体的初始策略选择是随机的或基于一定概率分布的，但其能够在博弈过程中学习博弈并通过多次尝试寻找最适合的博弈策略。

　　演化博弈理论强调均衡的动态化，在演化博弈模型的构建过程中贯穿选择和突变两个要素：选择是指博弈主体在演化博弈过程中会对收益率更高的博弈策略有更高的选择倾向性；突变则是指个体可能会选择不同于群体的博弈策略，且该策略具有随机性和突发性。基于上述两个要素，在多次博弈迭代过程中，博弈主体的博弈策略随着时间演变而不断动态变化，并且变化的博弈策略对应不同的策略收益，在经过不断博弈而达到均衡的过程中，博弈主体逐渐选择具备更高收益的策略。随着时间的推移，博弈参与群体和个体在演化博弈的规则下不断做出选择和突变的行为，最终达到动态均衡水平。

2.2.2　演化博弈问题求解流程

　　演化博弈问题的求解流程一般包括提出演化博弈假设条件，确定演化博弈的策略组合，建立不同主体、不同策略的支付函数形成收益矩阵，推演复制动态方程、确定最优均衡策略组合等环节。

　　（1）提出演化博弈假设条件。演化博弈模型的假设条件是模型构建的基础，通常而言，演化博弈模型的假设条件包括：明确演化博弈的主体及其可能选择的演化博弈策略，并设定不同策略的初始选择概率；假设各博弈主体均为有限理性，并明确其策略选择原则与机理；假设演化博弈主体进行的是不完全信息博弈，即各主体不了解彼此策略的效用水平。

　　（2）确定演化博弈策略组合。在演化博弈模型中，多个不同的博弈群体会基于自身掌握的信息和现有策略的收益情况预先制定出各自的基础策略，多个博弈主体各自的策略便可构成演化博弈策略组合，供各博弈主体在博弈过程中进行随机选择。

　　（3）建立演化博弈收益矩阵。根据演化博弈主体所处的博弈环境与自身条件，分析不同策略选择下博弈主体可获得的效用水平，建立不同主体不同策略的支付函数。在此基础上，将演化博弈主体的支付函数与策略组合进行结合，建立演化博弈收益矩阵。

（4）推演复制动态方程。演化博弈强调动态的博弈过程，对应的策略选择比也会随着动态变化而调整。各参与博弈的主体不同的策略组合对应不同的行为，演化过程也会呈现动态化的区别。基于收益矩阵可计算某一策略下博弈方的期望收益、所有博弈方的平均策略收益，可进一步推演表示博弈方策略调整速度的复制动态方程。

（5）确定最优均衡策略组合。对演化的稳定性进行定量的分析，按照选择比例分布对应的动态微分方程进行复制。在经过动态化的多次反复博弈之后，参与主体会对比分析不同策略所对应的策略效应，最终选择最佳策略效应，在此条件下的策略组合将会达到局部稳定的状态，此时选择的策略组合即为最优均衡策略组合。

2.2.3　演化博弈理论的适用性

本书研究的国有企业内部的监管过程中，总部与子公司存在典型的委托—代理关系，且子公司均有信息不对称优势，可能选择不按照总部监管意愿的行为策略，从而谋取自身利益的最大化。类似的，子公司的策略选择将影响总部的监管策略，当子公司遵循总部监管意愿时，总部可能放松对其的监管力度，相反，当总部发现子公司存在损害自身利益的情况时，可能采取加大惩罚措施与监管力度的策略调整。因此，总部与子公司的监管可视为一个动态调整的博弈过程。

如前文所述，演化博弈理论能够将博弈理论分析和动态演化过程分析相结合，且博弈方具有有限理性的特征，无法在每一次博弈中都选择最优的均衡点，而是通过改进以往博弈中自己的策略组合，或通过其他博弈主体的策略选择调整自身的策略。演化博弈模型这种动态博弈、不断调整进而寻求最优的特征与国有企业对子公司的监管过程高度吻合。

基于此，本书将演化博弈理论融入对国有企业内部监管问题的研究，假设国有企业总部和子公司均为有限理性个体，且在监管过程中，各自的策略选择会受到对方策略选择的影响，改变着自身的策略选择结果。然后基于国有企业内部的不同监管模式特征，构建不同策略组合的支付函数与收益矩阵，进而建立演化博弈模型，并推演其最优均衡策略组合，从而为不同监管模式、不同事项下国有企业内部监管策略的选择提供科学方法。

2.3　优 化 决 策 理 论

优化决策是生产和生活中最常见问题，且通常情况下决策目标多由若干个相互矛盾的小目标组成。优化决策理论有效解决了如何在资源有限的情况下，使得多个目标同时达到最优的问题。本节内容对优化决策理论的基本概念及优化决策模型的求解流程进行了介绍，并分析了优化决策理论在本书研究中的适用性。

2.3.1　优化决策理论概述

在日常生活与企业生产经营的过程中，往往会面临多个备选方案进而产生多种不同结果，且在做决策时，决策者总会倾向于选择结果最优的方案，这种追求最优方案的过程就蕴含着优化决策理论，而寻找最优方案的方法就是优化决策方法。从理论发展看，决策理论起源于 20 世纪 40 年代，是运筹学的重要组成部分，狭义上优化决策的概念是对一些可供选择的方案做出抉择，广义的概念和管理学中管理的概念相近，指为实现未来的某个特定目标，在具有一定的信息和经验的基础上，采用工具、方法或技巧，对需要解决的问题进行多种因素的分析、判断和评价后，在可行方案中选择最优方案解决问题的过程。在优化决策理论中，决策问题主要由决策目标、资源约束（不能被决策者所控制的客观存在的环境）、可供选择的方案、决策结果（每一方案选择所导致的后果，即损益情况）等要素组成。在实际的决策问题中，决策者为实现决策目标可能需要对决策进行多次的选择和考量，优化决策理论是能够满足决策者对决策的进一步优化和求解的理论。

随着计算机技术的不断发展，优化决策理论所能解决的实际问题也越来越复杂，并衍生出了多种优化决策方法。常见的优化决策理论有多目标优化决策理论、组合优化决策理论、图优化理论等，其中多目标决策理论适用于同时在多个目标之间进行优化与权衡的决策问题，组合优化决策理论适用于解决具有离散型决策空间的优化问题，而图优化理论则借助点和边组成的图形来描述具备某种二元关系的系统，并根据图形分析完成优化决策。此外，可根据优化决策模型中各自资源、环境是否会发生偏离既定水平的变化情况，将优化决策理论分为确定性优化与不确定性优化[103]，其中，确定性优化是指假设在决策过程中的所有资源和参数都为既定水平，不会出现波动干扰决策结果；不确定性优化则相反，其在决策过程中某些参数或者变量会发生波动，决策时需要考虑这种不确定性带来的影响，且在求解过程中，往往需要根据历史数据给出参数和变量不确定变动的范围或分布。在具体的优化决策问题求解中需根据研究问题的特性选择相应的决策理论，并且有时可能采用其中的一个或者多个优化决策理论进行决策方案的选择。

2.3.2　优化决策问题求解流程

优化决策问题的求解流程一般包括确定决策目标、明确约束条件、提出求解方法、编写软件代码与得到最优方案等环节[104]。

（1）确定决策目标。确定目标是决策的前提条件，按照决策目标的数量可以分为单目标优化决策和多目标优化决策。且单目标决策也往往涉及多个子目标，因此在构建优化决策模型时，需要对子目标函数进行刻画，从而形成总体优化决策问题的目标函数。

（2）明确约束条件。如前文所述，产生优化决策问题的前提是资源的有限性，因此在求解优化决策问题时，需要对不同变量、不同参数的取值范围进行刻画，形成优化决策问题的约束条件，按照约束条件的数学形式、对变量关系的反应程度，可将其分为等式约束、不等式约束；线性约束、非线性约束；显式约束、隐式约束等。

（3）提出求解方法。如前文所述，优化决策问题可分为单一目标优化、多目标优化；线性优化、非线性优化；确定性优化与不确定性优化等多种类型，不同类型的优化问题、不同的优化模型直接决定了模型的求解难度。随着优化决策理论与计算机软件的发展，目前基于不同求解方法的多种优化算法可用来求解优化问题，基于此，需要根据构建的优化模型提出相应的求解方法。

（4）编写软件代码。随着优化决策问题复杂程度的提高，往往需要借助 Matlab、Python 等多种软件进行模型求解，需要根据软件的计算机语言与构建的模型、求解方法编写相应的代码。

（5）得到最优方案。编写模型求解代码后，即可借助相应的软件进行模型求解计算，从而得出不同变量及目标函数的最优解，决策者可根据模型求解结果，制定决策的最优方案。

2.3.3 优化决策理论的适用性

本书研究国有企业内部监管时，当总部确定对子公司实施监管策略时，针对不同监管模式、不同监管事项的特殊性，总部和子公司需要科学配置决策权力，从而提升决策效率。决策过程中可能产生信息成本、代理成本与时间成本，结合文献［70］和文献［71］的分析可知，在决策过程中信息成本、时间成本与决策权配置点呈现单调递增关系，而代理成本与决策权配置点却呈现单调递减关系。因此，如何科学配置决策权，实现不同成本最优即为典型的优化决策问题。

如前文所述，优化决策理论能够解决在资源、环境约束下，对不同备选方案的最优选择问题，在本书后续的研究中，不同管理层级即为决策权配置的备选方案，企业决策过程中各项成本即为决策所有要考虑的资源条件。本书将优化理论与决策权配置问题相结合，按照优化决策问题的求解流程，本书分析了信息成本、代理成本与时间成本函数，据此构建了基于决策成本最优的 J-M 模型，并提出了鲸鱼优化算法求解该模型，能够为国有企业内部监管中的决策权配置提供科学方法。

2.4　综合评价理论

综合评价理论是管理决策领域的重要理论，能够科学反映不同事项决策的效果以及不同事物的优劣。本节对综合评价理论的基本概念与综合评价模型的求解流程进行了介绍，并分析了综合评价理论在本书研究中的适用性。

2.4.1　综合评价理论概述

综合评价理论是一种在多学科交叉融合后得出的实用性科学理论，通过对某一对象的单一或多个属性进行测定或度量，在某种层面上进行多角度的综合评估，测度或衡量该对象在特定时间段或时间节点的能效、功能或水平等。经过多年的发展，综合评价理论已经形成了多种评价理论，如基于统计决策的综合评价理论、基于政策科学的综合评价理论等。

其中，基于统计科学形成的多属性决策理论和多准则决策理论是综合评价理论的重要分支。其理论核心是统计和决策，即在某个时间段，借助统计学原理和决策思想针对多个具备不定数量的指标进行排序和优选，最终形成综合评价方案。在具体实践中，主要有多属性决策和多准则决策两种常见问题。多属性决策是针对未来可能发生的多个备选方案的优选和排序，需综合考虑各个决策方案的不同属性。多准则决策是针对决策方案提前设置多个不同的决策目标或准则，最终排序和选择出在某个时间段的综合评价结果最优的方案。总的来说，多属性决策和多准则决策在研究对象、测度指标和功能效用上具备多个相似之处。

基于政策科学评估的综合评价理论主要是对政策及其内容进行评估，是政策科学的重要内容。在实践中，已经形成了实证主义评估理论、后实证主义评估理论和建构主义取向的综合性评估理论。其中，实证主义评估理论，要求实事求是，将价值和事实相分离，主要的评估方法是通过对社会公众信息的专业化技术处理，通过政策的实证效果和技术评估相结合的方法评估政策和其措施的实际效果和业绩。但实证主义评估理论忽略了社会问题本身具有的政治和人文特殊性，过分强调了技术方法和数字化评估。后实证主义评估理论把个人情感、价值导向等评估者和利益相关者的人文因素考虑了进来，将社会事实和价值导向相结合，并运用实证分析和规范分析的方法评估政策在全生命周期中的效果和业绩。与实证主义过分强调技术方法不同，后实证主义评估理论虽然考虑了人文因素中的价值导向，但其过度地强调了价值导向在政策评估中的作用，容易形成"以人为主"的评价偏颇。建构主义取向的综合性评估理论融入了政策效率和公正性，在整个评估过程中对各利益相关方的需求和互动进行了综合考量，并注重对技术方法的应用。在实践操作中，该理论强调综合评估要经历"复述—分析—批判—再复述—再分析"的循环推进的评估过程。

2.4.2　综合评价问题求解流程

随着研究水平的进步，综合评价方法不断丰富，虽然不同的综合评价方法具有不同的特点，但是综合评价方法的基本流程大致可以分为评价指标体系构建、评价指标量化方法选择、评价指标权重确定、综合评价结果计算与分析四步，各环节的具体内容如下。

（1）综合评价指标体系构建。综合评价指标体系构建的流程一般分为构建初始指标集合、评价指标筛选、指标合理检验三个步骤。其中，构建初始指标集合需要利用调查研究法、专家咨询法、理论分析法等方法，收集并集合评价人员、被评价系统、领域专家与其他相关信息，设计构建综合评价指标全集，并明晰指标间的归属关系和类别。评价指标筛选分为初步筛选和定量筛选两个阶段，在初步筛选阶段，要分析指标的可测量性和获得成本，判断所选指标是否可以被采集和测度，重点应用专家咨询法，对综合评价指标体系的每一个指标，逐级逐个进行论证，去除不可以测量、获取成本极高和无法获取数据的指标。在初步筛选过后，定量筛选阶段的主要任务是对指标体系进行定量的简化和重复性检验，以判断指标的定量数据是否存在交叉、重叠的问题，从而保证每一个指标的数据独立性，通常利用统计学方法对指标进行检验，判断指标间的相关系数，并对相关系数过高的指标进行合理简化。通过筛选后的指标体系还需要确保每个指标可以表达被评价对象的主要特征和反映的信息，因此需要利用因子分析和统计学中的方差来表示指标含有被评价对象的信息含量，进一步确定指标对整个综合评价体系的贡献程度，对指标的合理性进行检验。

（2）评价指标量化方法选择。在构建指标体系的基础上，针对各指标特性选择相应的量化方法，完成指标的同质化处理。评价指标体系中的指标一般具有非同质性，指标实际数值的量纲和指标性质多为不一致，评价指标体系中可能会同时存在收益型指标和成本性指标。因此，需要对指标进行同质化处理，即针对不同指标选择相应的量化方法。通常指标处理包括指标的无量纲化处理和基于最大距离法、最小距离法、理想点法等的同质化处理。

（3）评价指标权重确定。不同指标对评价问题的影响程度是不同的，因此，需要基于指标对被评价事物的作用程度，设置各指标的权重。指标权重的变化会直接影响被评价对象的排序顺序，从而改变综合评价的结果，因此，指标权重的确定是综合评价问题中十分重要的工作。学者们已经对指标权重的确定方法进行了深入的探讨。目前，权重确定方法大致可以分为以评价者价值观为主的主观赋权法、以指标间差异为主的客观赋权法，以及综合考虑评价者价值观和指标差异的综合赋权法。

（4）综合评价模型构建。在确定指标权重后，需要进一步构建综合评价模型以求得对某一事物的综合评价值。根据评价目标、评价对象的不同，构建的综合评价模型也存在差异，常见的综合评价模型包括 TOPSIS 模型、模糊综合评价模型[105]等。

（5）评价结果计算与分析。在确定了指标的量化方法和权重计算方法后，对综合评价结果进行计算和排序。在对综合评价结果进行排序时，通常所采用的方法有加权综合法、优劣解距离法、消去与选择转换法（Elimination Et Choice Translating Reality，ELECTRE）、偏好顺序结构评估法（Preference Ranking Organization Method for Enrichment Evaluations，PROMETHEE）等多种方法。评价者可根据各种方法的适用性，选择相应的排序方法。

在完成对评价结果的排序后，通常评价者会对评价结果进行分析，检验评价体系适用性，分析被评价者的进一步发展和改进方向。在评价完成后，如果评价的结果不佳，或者偏离原有的预测效果，需检验综合评价体系是否缺乏表达被评价对象的关键因素，通常采用因子分析法等方法找出影响评价结果的关键性指标，并予以动态调整。

2.4.3　综合评价理论的适用性

国有企业内部监管效果的评价是总部对子公司监管机制的重要组成部分，是检验总部监管模式与内容是否合理、监管策略选择是否有效、监管事项的决策权配置是否科学的重要手段。现有文献并没有将综合评价理论融入到国有企业内部监管的研究框架，总部难以对自己的监管工作有全面、清晰的认知。

基于此，本书在对国有企业内部监管效果评价的研究中，按照前文介绍的综合评价问题求解流程，建立了监管效果评价的初始指标集合，并运用 Fuzzy-Delphi 模型进行了指标筛选，在确定评价指标体系后，建立了 DEMETAL-ANP 赋权模型与基于 Vague 集的模糊综合评价模型，从而为国有企业对子公司监管效果的评价提供科学方法。

第 3 章

国有企业内部监管模式及内容分析

新一轮国有企业进行改革确定了由"管企业"向"管资本"过渡的基本原则，也对国有企业内部的监管模式、监管内容提出了新的要求。本章的内容结合新一轮国有企业改革"1＋N"政策体系要求，对国有企业及其子公司的类型进行了划分。在此基础上，提出了国有企业内部的 5 种监管模式，建立了不同监管模式与不同类型子公司的对应关系，并界定了相应的监管内容，从而为本书后续研究奠定基础。

3.1 国有企业总部与子公司职能定位及类型划分

国有企业分类是新形势下深化国有企业改革的重要内容，是因企施策推进中国改革的基本前提，对推动完善国有企业法人治理体系结构、优化国有资本市场布局、加强国有资产监管具有非常重要的影响。本节内容结合新一轮国有企业改革要求，明确了国有企业总部与子公司的职能定位，并从业务类型与股权结构两个维度出发，划分了国有企业及其子公司的类型。

3.1.1 国有企业总部的职能定位

国有企业总部的发展经历了机关型总部阶段、经营型总部阶段，并正处于向价值型总部演化的阶段。其中，机关型总部阶段处于政府与国有企业分离的初期，国有企业总部与政府的派出机构相似，维持着最小的公司职能，甚至部分总部也不满足公司的基本要求，国有企业总部的职能也以提供最基本的管理服务为核心。随着我国国企改革的不断发展深化，国有企业总部的职能逐步丰富，进入经营型总部时期，即总部介入企业的实际经营或者可以直接从事企业经营实践活动，经营性总部阶段强调总部的专业化建设，包括各项决策与流程的规范化、人员资源配置的专业化等。

自 2015 年实施新一轮国有企业改革以来，企业经营环境发生了巨大变化，包括高质量的发展理念，多元化、多区域的产业结构，愈发激烈的市场竞争，以及"优化控制＋提升管理"的政策要求等。国有企业总部开始注重价值创造，逐步向价值型总部转型。价值型总部的核心内涵是总部利用平台与品牌优势，通过与外部主体的联系与合作，联系或集中更多的资源，从而提升和扩大子公司的价值。新一轮国有企业改革下价值型总部的定位主要包括战略制定者、资源配置者、文化引领者、价值示范者等，强调通过构建和运营公司内部控制市场等有效方式，提高企业整体资源的配置工作效率，进而实现效益最大化。

（1）加强国有企业党建职能。党的领导是国有企业改革的基本前提，也是防止国有资产流失的重要保证。在新一轮国有企业改革下，国有企业总部的首要职能便是加强国有企业党的领导，把党建工作、党组织参与公司治理写入章程，推动党的领导和企业生产经营方式的有机融合，党组织参与重大问题分析决策，并在日常生活经营中发挥政治思想领导作用、监督和协调作用。

（2）制定发展战略职能。国有企业总部作为公司整体战略的制定者，应当根据国有企业改革的政策要求，制定公司改革的行动计划和相关方案，将国家战略的指导与公司的内外部经营环境相结合，科学制定公司的总体发展战略，并与各子公司进行交流，协助、监管各子公司的战略制定，确保形成企业内部发展的协同效应。

（3）调配业务资源职能。国有企业总部应以公司整体发展利益最大化为原则，加强与政府、企业等方面的对外合作，利用外部供应链网络，探索新的利润增长点和商业机会；同时，根据企业内部业务组合情况，建立内部资源传送渠道，在各子公司之间合理配置资源，保障企业战略的高质量实现。

（4）控制与决策职能。国有企业总部应按照新一轮国有企业改革"管资本为主"的原则与要求，以尽量不干预直属公司具体生产经营活动为边界，以规范直属公司现代化企业制度建设为载体，实施对各个子公司的财务绩效评价考核、发展战略引导、核心人力资源管控、各项生产经营风险监控与防范等职能。

（5）专业共享服务职能。建立共享服务中心是世界大型集团企业的普遍选择，其可以有效降低企业内部管理成本，提高工作效率，实现价值增值。国有企业总部在建设价值型总部的过程中，应当利用自身平台优势，提供纵向覆盖的高效中央服务与专业共享服务，如人力资源共享服务、数据共享服务、采购共享服务等。

（6）建设公司文化职能。随着新一轮国有企业改革的不断深化，企业文化的更新将是巩固改革成效的重要保障。国有企业总部应该充分发挥企业文化对提高自身公司凝聚力、驱动力的重要影响，建设适应新的时代使命、经营环境的企业经济文化，并积极宣传企业品牌形象、维护企业公共关系。

3.1.2　国有企业子公司的职能定位

随着国有企业总部向价值型总部转变，子公司将承担更多的生产经营责任，拥有更大的经营决策的自主权，但与此同时，子公司也需要接受总部的监管，扮演好国有资产实际运营者的角色。具体而言，在新一轮国有企业改革下，国有企业子公司的角色定位包括以下几个方面：

（1）企业战略的跟随者。国有企业内部所有的子公司都应紧密跟随企业发展战略，必须承担、服务且服从于企业整体战略。此外，还应以总部战略规划为纲要，制定子公司自身的战略规划，并通过生产经营活动落实本公司的战略规划，以支持企业的战略发展。

（2）企业业务的经营者。根据新一轮国企改革要求，国有企业将着重打造价值型总部，将公司实际业务经营决策权移交给相应的子公司。以此为基础，部分国有企业子公司将成为企业业务的实际运营者，承担业务活动开展所需的各项实际工作，对内完善相关业务决策流程与运营管理制度机制，对外打造完整的供应链体系，以支撑自身业务收入增长的需要。作为企业业务直接经营者的子公司数量在集团公司中所占比例最高，且由于我国国有企业经常涉及许多业务领域，结合子公司业务对总部发展的重要性，可将承担这一角色的子公司进一步划分为主营业务经营者和辅助性业务经营者。例如，国家电网有限公司下属的各省级电力公司主要负责省内的电网建设和输配电，承担国家电网有限公司主营业务经营者的角色，并听从企业总部的统一调度，从而实现整体资源的最优配置。相比于各省级电力公司，国家电网公司的全资子公司——国网英大国际控股集团股份有限责任公司主要从事金融、保险等服务管理业务，承担辅助性业务经营者的角色。

（3）企业利润/成本的来源者。随着经营决策权的下放，子公司将逐步减少对国有企业总部的依赖，实现自主经营、自负盈亏的经营模式。基于此，国有企业子公司将成为企业的利润中心，以提高盈利能力为目标，根据企业发展规划和经营政策，实施经营计划，不断提高生产效率、降低生产成本，接受总部绩效考核，实现国有资产保值增值。此处需要说明的是，子公司利润往往以实际经营的业务为基础，因此，企业利润来源者这一角色在一定程度上与集团业务的经营者这一角色存在交叉，即扮演业务经营者这一角色的子公司往往也是企业利润的来源者。此外，也存在部分子公司不直接参与企业业务的运营，但为企业业务系统运行与未来发展提供支撑，并因此产生经营成本。如首都机场集团动力能源公司等从事保障性服务的子公司等，均以支撑企业整体发展为第一使命，在企业内部属于成本来源。

（4）企业运营的服务者。如上所述，部分子公司不直接参与企业的业务运营，但可以通过整合所有资源为其他子公司提供相应的服务，提高企业总部与子公司的管理效率，承担企业运营的服务者角色。如国网电子商务有限公司、国家电网有限公司大数据服务中心、国家电网有限公司高级培训中心等，都隶属于国家电网有限公司，能够为集团内其他子公司提供采购服务、数据服务和培训服务。中国华电集团科学技术研究总院从事能源电力行业关键信息技术、产品的创新研发与成果转化工作，能够支撑中国华电集团提升学生自主创新能力和核心竞争力。

在明确新一轮国有企业改革下子公司需要承担的主要角色后，本节内容结合总部职能、子公司角色定位，进一步分析子公司的主要职能。

（1）子公司党的建设职能。与国有企业总部类似，子公司也应坚持党的领导，加强党组与公司管理的融合建设，并基于子公司股权结构、业务运营等实际情况，明确党的领导的具体边界，厘清党组在重大事项决策中的作用与流程。

（2）子公司规划制定职能。子公司应积极贯彻企业总部的战略决策，根据总部的发展战略规划制定本公司相应的战略规划，明确子公司的经营发展方向，并报送总部审批。经过批准后，子公司应严格执行企业总部的战略规划，并接受总部的监督和评估。

（3）子公司业务决策职能。随着我国企业总部对业务发展运营权力的下放，子公司应不断进行加强自身生产经营决策分析能力的建设，有效承接总部下放的业务决策职能。具体而言，子公司应分析公司内部经营情况，根据公司战略发展方向确定业务组合，收集审核下属公司/部门年度生产经营和投资计划，制订公司年度生产经营计划，并对总部授权范围内的实际业务运营工作进行决策。

（4）子公司制度建设职能。子公司应当制定和完善其内部管理制度，包括财务管理制度、人力资源管理制度、绩效管理制度等，并将相应的管理制度、指标要求分解到各个部门及下属公司，对其进行追踪、监测和评价。

（5）子公司资源寻求职能。为了支撑自身业务不断发展，子公司应当履行资源寻求的职能，向企业总部、其他子公司及市场中的其他主体发起资源进行调配需求，并积极向外部市场拓展，获取人、财、物等多种资源，提高与外部其他单位的议价能力。

3.1.3　国有企业子公司类型的划分

本节内容根据新一轮国有企业改革中对国有企业类型划分的相关政策要求，从国有企业业务类型的维度，划分了国有企业的类型。在此基础上，进一步从股权结构的维度出发，将国有企业子公司划分为九类。

1. 国有企业类型的划分

2015 年 12 月 29 日，国务院国资委、财政部、国家发展和改革委员会联合印发了《关于国有企业功能界定与分类的指导意见》，综合考虑了国有企业在我国社会经济中发挥的价值功能、企业的主营业务与核心技术能力等因素，将国有企业划分为商业类国有企业与公益类国有企业。在此基础上，为了更好地实现国有企业内部的分类监管，本书进一步结合国有企业主营业务及其所属行业的性质，将国有企业细分为竞争型商业类国有企业、垄断型商业类国有企业、服务型公益类国有企业。

（1）竞争型商业类国有企业的主营业务市场化程度最高，其经营目标主要是通过依法、依规自主参与市场竞争，提高国资运行活力与效率，实现国有资产的保值与增值。针对竞争型商业类国有企业，应围绕优化资源配置的导向，加快企业的公司制、股份制改革，积极推动股权多元化与现代企业制度建设，促使其成长为充满生机与活力的市场主体。

（2）垄断型商业类国有企业是指主业处于自然垄断行业，或密切关系国家安全、国民经济命脉的重要行业的商业类国有企业,其需要统筹考虑企业发展的经济效益与社会效益,坚持保障国家安全与社会经济稳定的企业使命。垄断性商业性国有企业应结合行业体制改革的步伐,不断深化"政企分离"与"主辅分离",一方面要有序放开竞争型业务,在保持国有资本持有地位的基础上,支持非国有资本参与;另一方面要加强对垄断环节的监管,提高社会公共资源的配置效率,降低公共资源的供给成本,并通过多种国有资本参与的形式实现股权结构多元化。此外,针对竞争型商业类国有企业与垄断型商业类国有企业,还应建立健全监管体制和机制,加强对其国有资本布局、国有资产行效益的监管,依法公开信息,严格责任追究,防止改革发展中国有资产流失,并根据企业职能定位、发展目标和责任使命,以及行业特点和业务性质,明确不同的企业经济效益和社会效益指标要求,并进行相应的考核。

(3)服务型公益类国有企业则通过向全社会提供公共产品与服务,实现保障民生与社会发展的经营目标,该类企业的产品或服务价格主要由政府调节,同时也结合实际情况引入市场机制,从而提高公共服务的效率和能力。在股权结构上,公益类国有企业可以采取国有独资企业的形式,也可以在有条件的情况下,使投资者多元化,鼓励非国有企业通过购买服务、特许经营、委托代理等方式参与经营。对服务型公益类国有企业的监管与考核应以其提供公共产品和服务的质量、效率作为主要内容,并根据提供的公共产品和服务的差异化特征,有针对性地确定其业绩监管与考核的指标及标准。

2. 国有企业子公司类型划分

结合本书 3.1.1 所述,不同类型的国有企业可以按照政策文件的要求实施混合所有制改革,并引入其他资本,使其股权多样化。基于此,在原有国有企业进行分类的基础上,进一步以股权资本结构差异为基础,运用矩阵式分类法,细分了国有企业子公司不同类型,为下文分析国有企业改革背景下国有企业内部的监管工作模式奠定理论基础。按照矩阵式分类法的原则,国有企业子公司可以从主业类型和股权结构两个维度出发,分为国有独资竞争型商业类、绝对控股竞争型商业类、相对控股竞争型商业类、国有独资垄断型商业类、绝对控股垄断型商业类、相对控股垄断型商业类、国有独资服务型公益类、绝对控股服务型公益类、相对控股服务型公益类,如图 3-1 所示。

需要说明的是,对于垄断型商业类与服务型公益类国有企业都不能采用国有资本参股的股权结构;同时在国有资本参股方式下,竞争性商业类国有企业总部与子公司的监管关系,与私有制集团公司相似,已有大量研究依据。因此,本书考虑的股权资本结构主要包括国有独资、绝对控股、相对控股三种,国有资本参股的股权结构不列入本书考虑范围内。国有控股企业是指国家资本占企业总资本比例较高,国有资本能够决定企业发展方向、业务决策的企业,其根据股权占比可进一步细分

图 3-1　国有企业子公司分类示意图

为绝对控股和相对控股两种类型。国有绝对控股企业是指国有资本占比超过 50％的企业，包括未改制的国有企业，国有相对控股企业是指国家资本比率在 50％以下，但相对高于企业其他经济组成部分的企业（相对持股），或虽不高于其他经济组成部分的企业，但根据协议由国家实际控制的企业（协议控制）。此外，国有独资企业的全部资产均为国有资产，国家按照所有权和经营权分离的原则授予企业经营管理资格，其依法独立经营，自负盈亏，独立核算，以国家授权经营管理的财产承担民事责任。

3.2　国有企业内部分类监管模式分析

在划分国有企业子公司类型的基础上，本节首先介绍了国有企业内部的监管模式，并分析了影响国有企业总部对子公司监管模式选择的主要因素。最后，基于不同监管模式与不同子公司类型的特征，建立了两者的匹配关系，明确了国有企业总部对不同类型子公司应采取的监管模式。

3.2.1　国有企业内部监管模式的对比分析

自战略管理大师古尔德提出集团管控模式的概念以来，随着集团规模的发展与业务板块的丰富，集团管控模式逐渐形成以"三分法"为基础的演变形态，即财务型监管模式、战略型监管模式和运营型监管模式。在此基础上，本书进一步结合我国国有企业子公司类型繁杂、经营管理具有明显差异的特征，对"三分法"进行了优化，新增了财务—战略型监管模式、战略—运营型监管模式，从而形成了国有企业内部的 5 种监管模式。

（1）财务型监管模式下，企业总部以资本为纽带，建立以财务管理和资产运营为核心的体制，对子公司的财务战略规划、投资决策实施监控，强调结果控制，通过各方面监控，保证达到预期效果。企业总部不得干预子公司投资项目的进展及子公司的收购、兼并、重组情况，除负责对子公司的财务和资产经营管控外，子公司只要能够实现总部每年制定的财务目标即可，年度评估以此为主要依据。子公司在人事、业务和其他管理方面有很大的空间。

（2）战略型监管模式强调企业总部应追求企业整体战略的一致性，发挥公司总部监管与子公司运营的协同效应。总部有权利与义务负责企业战略规划、财务管理和资产运营，并按照统一部署的原则，向子公司分配战略任务，并负责监督子公司战略执行和审计子公司的财务状况。相应的，子公司应制订自身业务发展规划、管理制度及人事和财务政策，说明每年规划目标和年度预算的完成情况，并上报总部进行审核批准。

（3）运营型监管模式强调对企业资源进行集中控制、统一管理，以实现企业上下经营活动的一致性与协同性。企业总部对子公司进行直接控制，落实管控意图，全面控制子公司的投资、财务、人力资源和经营活动，指定子公司的产品和经营方向，决定子公司的经营决策，直接任命子公司的管理人员，总部职能部门直接控制和管理子公司的职能部门，且子公司的利润收益都归总部所有。

（4）财务—战略型监管模式下，总部与子公司之间的监管关系处在财务管控型与战略管控型中间，总部同时关注子公司的财务指标情况和战略规划情况。与财务型监管模式相似，总部赋予子公司较大的自主决策权，对子公司投资回报等财务指标进行严格考核，在此基础上，融入战略型监管的导向，要求子公司服从总部的战略规划，保障企业战略层面的一致性与协同性。

（5）战略—运营型监管模式下，总部与子公司之间的关系介于战略性管控与运营型监管模式之间，即总部同时关注企业的战略规划情况与业务经营情况。具体而言，与战略型监管模式类似，总部要求子公司与总部保持战略一致性，对子公司的战略规划制订与执行进行严格监管。在此基础上，针对子公司影响企业发展的核心业务进行业务决策与人事决策的直接干预，保证核心业务与总部发展的一致性。

综上所述，以上 5 种监管模式体现了国有企业内部监管的集权程度，从财务型监管模式到运营型监管模式，总部的集权程度逐步上升，子公司自主决策权也随之下降。不同类型监管模式的对比分析如表 3-1 所示。

表 3-1   不同类型监管模式的对比分析

监管模式	集权程度	组织架构	主要优缺点
财务型 监管模式	很低	网络型 事业部型	优点：子公司自负盈亏，经营活力较高，有利于长远发展 缺点：对子公司管理能力要求较高，且委托代理风险较大

续表

监管模式	集权程度	组织架构	主要优缺点
财务—战略型 监管模式	较低	事业部型 控股型	优点：子公司经营活力较高 缺点：仍存在较大的委托代理风险
战略型 监管模式	中等	控股型	优点：企业内资源配置合理，容易形成发展合力 缺点：管理层次较多，信息传递不顺畅、不及时
战略—运营型 监管模式	较高	控股型 职能型	优点：能够有效管控企业核心业务 缺点：管理层级多，子公司经营活力受限
运营型 监管模式	很高	职能型	优点：便于总部意志有效落实，发挥企业整体优势 缺点：子公司的主观能动性受限，管理成本较高

3.2.2　国有企业内部监管模式的影响因素

依据新一轮国有企业改革要求，国有企业监督管理要做到"放得下、承得住、行得稳"，即总部要简政放权，实行去机关化改革。子公司应加强自身管理和经营能力建设，能够有效承担各项业务的决策权。而不同监管模式的集权程度存在一定差异，对国有企业总部监管能力与子公司管理能力也有不同的要求。国有企业总部选择对子公司的监督模式是一个复杂的过程，需要从企业总部和子公司两个维度入手，综合考虑公司类型、管理能力、文化观念等因素。

（1）企业总部管理能力。不同监管方式的监管内容和手段存在差异，对总部的管理能力提出了相应的要求，监管集权化程度越高，意味着总部需要承担的监管职能与监管内容越复杂，对总部管理能力的要求也越高。总部的管理能力表现在管理队伍建设、管理专业技能、考核及沟通能力等方面，企业总部管理水平的高低决定了总部能否胜任集权化程度较高的监管工作，进而影响监管模式的选择。

（2）子公司市场化程度。由于竞争型商业类、垄断型商业类、服务型公益类国有企业的主营业务类型、经营环境及市场竞争程度不同，企业的价值、战略目标和盈利能力也存在差异，进而影响企业总部对子公司监管模式的选择，如服务型公益类以保障民生、服务社会、提供公共产品和服务为主要目标，市场化程度较低，其监管工作模式的选择将直接影响子公司基本公共服务质量效率和能力，因此总部常常需要对子公司的业务数据进行有效干预与监管，更倾向于采用运营型监管模式。

（3）子公司业务重要性。子公司业务是否属于企业核心产业或领先产业，将确定总部对子公司提供的资源支持水平，也影响对子公司的监管力度，如果业务核心程度越高，总部的支持将越大，监管的必要性和力度越高。

（4）企业总部持股情况。企业总部在子公司中的持股比例越高，总部监管对子公司管理决策的影响就越大，相反，总部不仅不能有效控制子公司，还会造成总部资源的浪费。因此，子公司所属类型将决定总部采取的监管工作模式。

（5）子公司管理水平。子公司的管理经验和能力，对子公司的生存和发展，以及总部监督子公司的意愿和力量，都有着重要的影响。子公司优秀的运营经验和战略控制能力，不仅可以保证自身的标准化管理，提高自身的绩效水平，还可以降低对企业总部的资源依赖，总部也往往会赋予他们更大的独立决策能力。

（6）子公司文化承接性。如果子公司在文化理念上与企业总部可以保持战略的统一，在行动上拥护总部的决策，能够有效避免委托代理关系下形成的损害企业经营战略研究目标情况的发生，实现保持母子公司战略发展协同性的目的，总部往往会减轻对其监管的力度。

结合不同监管模式的监管力度与监管内容，可进一步分析 5 种监管方式对不同影响因素的要求，如图 3-2 所示。

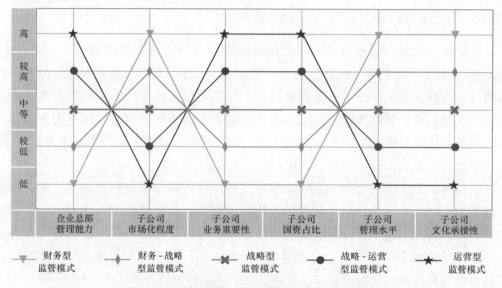

图 3-2　不同监管模式对各影响因素的要求对比

3.2.3　国有企业内部分类监管模式的确定

2019 年，国务院印发《改革国有资本授权经营体制方案》，要求国有企业投资者根据国有企业类型，建立适当的监管模式。通过前面对不同监管模式及其对国有企业类型、总部管理能力、子公司类型、管理能力和文化水平的不同需求的比较分析，本节进一步建立了不同类型子公司与不同监管模式间的对应关系，从而为国有企业内部实施分类监管、避免"一刀切"的问题提供参考。

如表 3-2 所示，国有独资竞争型商业类、绝对控股竞争型商业类、相对控股竞争型商业类子公司一方面主营业务往往市场化程度较高，业务决策的突发性、随机性与紧迫性也往往较强，需要更灵活的体制机制支撑其业务的运营。因此，直接参与市场竞争是推动其不断提高资本运营效率，实现可持续发展的最佳方式。总部对这 3 类子公司集权化的监管反而可能导致其无法适应快速变化的市场环境，降低企业的创新创效活力。另一方面，该类子公司所处行业的竞争对手往往是现代化企业制度比较完善的私营企业或者跨国企业，在多年竞争过程中，该类子公司的内部管理体系也逐步成熟，且拥有较高的管理能力，因此总部也无需花费额外的精力对上述子公司实施事无巨细式的监管。基于上述分析，国有企业总部对国有独资竞争型商业类、绝对控股竞争型商业类、相对控股竞争型商业类子公司的监管应以财务型监管模式、财务—战略型监管模式、战略型监管模式为主。此外，考虑到国有独资竞争型子公司的主营业务可能关乎到企业整体的战略发展，因此，可根据这类子公司的特殊情况，采取战略—运营型监管模式。

表 3-2　　　　　　　　　　不同类型子公司适用的监管模式

监管模式	总部与子公司监管关系	适用的子公司类型
财务型监管模式	以财务指标为纽带监管	国有独资竞争型商业类 绝对控股竞争型商业类 相对控股竞争型商业类 相对控股垄断型商业类
财务—战略型监管模式	兼顾财务从指标与战略方向监管	国有独资竞争型商业类 绝对控股竞争型商业类 相对控股竞争型商业类 绝对控股垄断型商业类 相对控股垄断型商业类
战略型监管模式	以战略性指标为纽带监管	国有独资竞争型商业类 绝对控股竞争型商业类 相对控股竞争型商业类 国有独资垄断型商业类 绝对控股垄断型商业类 相对控股垄断型商业类
战略—运营型监管模式	兼顾战略方向以及核心业务监管	国有独资竞争型商业类 国有独资垄断型商业类 绝对控股垄断型商业类 绝对控股服务型公益类 相对控股垄断型商业类 相对控股服务型公益类
运营型监管模式	以业务运营为核心的全方位监管	国有独资垄断型商业类 国有独资服务型公益类 绝对控股垄断型商业类 绝对控股服务型公益类 相对控股垄断型商业类 相对控股服务型公益类

国有独资垄断型商业类、绝对控股垄断型商业类、相对控股垄断型商业类子公司的主营业务往往具有自然垄断特性，或关乎国家社会经济的稳定发展，这三类子公司的生产经营不仅要考虑经济利益的最大化，还应该满足行业高质量发展与国家宏观战略的导向。一方面，政府对这三类子公司的政策监管约束往往较为严格，为了保障子公司生产经营的合规性，国有企业总部应当加强对上述子公司的管控，将国家政策导向切实落实到各个子公司的实际生产中。另一方面，由于这三类子公司

具有自然垄断特性，其面临的道德风险诱惑也往往较高，发生违背企业总部监管意愿甚至国家法律法规要求的行为追求额外利润的可能性也更高。因此，国有企业需要加强对上述子公司的管控，保障企业整体的利益。基于上述分析，总部对国有独资垄断型商业类、绝对控股垄断型商业类、相对控股垄断型商业类子公司的监管应以战略型监管模式、战略—运营型监管模式与运营型监管模式为主。此外，考虑到绝对控股垄断型商业类、相对控股垄断型商业类子公司主营业务中存在战略重要性相对较低的情况，可根据总部监管能力与子公司实际条件针对性的财务型监管模式与财务—战略型监管模式。

国有独资服务型公益类、绝对控股服务型公益类、相对控股服务型公益类子公司业务运行质量直接关乎社会公共服务水平，该类子公司受到政府宏观调控的影响最大，且可能出现产品价格与经济效益相矛盾的情况。因此，国有企业总部必须加强该类型子公司的管控力度，保障全社会福祉的最大化。基于上述分析，总部对国有独资服务型公益类、绝对控股服务型公益类、相对控股服务型公益类子公司的监管应以运营型监管为主。此外，考虑到新一轮国有企业改革在一定程度上允许该类型子公司进入市场机制，故可针对子公司的实际情况，适当放权，对绝对控股服务型公益类、相对控股服务型公益类子公司采取战略—运营型监管模式。

3.3　国有企业内部分类监管内容分析

考虑上述 5 种监管模式的集中程度依次上升，监管内容也呈现逐渐累加的特征。本节对监管内容的分析从"通用型监管内容"与"选择型监管内容"的两个维度展开。首先分析了适用于所有监管模式的通用型监管内容，在此基础上，明确不同监管模式下，企业总部对子公司的选择型监管内容。最后，按照"通用型监管内容＋选择型监管内容"的思路确定企业不同监管工作模式下对子公司的分类监管内容。

3.3.1　国有企业内部通用型监管内容分析

根据新一轮国有企业改革提出的以"管资本为主"的国有企业监管要求，在所有监管模式下，总部都应该关注子公司的财务指标和资产运营水平，并监督子公司现代企业制度的建设，确保子公司经营发展的整体可控性。因此，总部对子公司的基本监督内容应包括子公司的制度建设、子公司的财务管理和子公司的经营效益。

（1）子公司制度建设情况。现代化企业制度建设是国有企业内部进行监管的基础，也是子公司改进管理水平的重要保证。国有企业总部在简政放权的基础上，需要对子公司现代企业制度建设进行监督。具体情况而言，应要求子公司通过建立起由党组、董事会、经理层、部门管理层构成的内部治理结构，纵向要明确各级管理层、管理人员的经营决策权与相应的责任。横向要清晰划分企业各部门的职能定位与业务能力范围，避免出现管理部门间职能交叉、相互推诿、浪费资源的现象。

（2）子公司财务管理情况。国有企业总部要加强对子公司投融资、资产运营、财务制度建设、财务预算、财务合规等方面的全方位监督。建立子公司资产经营授权，明确总部与子公司对投融资等重大事项的决策权分配；要求子公司建立健全内部财务管理体系、会计管理体系、预算管理工作体系、风险分析方法体系，并定期对子公司财务、会计业务的规范性进行审计。

（3）子公司经营效益情况。国有企业总部应当加强对子公司经营业绩的监督，制定以利润、销售收入增长率、市场份额、资产总回报等业绩指标为主的子公司经营业绩评价体系，要求子公司每年出具年度生产经营报告，报总部审议。

（4）子公司党建工作情况。在新一轮国有企业改革过程中，党的领导是基本前提和根本保障。在党的领导下，国有企业才能改革政策、创新领导思想，逐步建立符合中国特色社会主义市场经济的现代企业制度。企业总部应对子公司党建工作情况予以监管，加强子公司党的领导意识，提升员工思想政治文化素养，避免国有资产的流失。

3.3.2　国有企业内部选择型监管内容分析

除上述通用型监管内容外，国有企业总部还应根据企业整体和子公司个体的发展需要，以及不同监管模式的特点，制定选择型监管内容，主要包括子公司战略规划、人事管理、业务运行情况等。

（1）子公司战略规划情况。国有企业总部可要求子公司按照总部战略规划的导向，编制自身发展战略方向、经营目标、年度任务和实现路径等规划，形成与企业总部战略方向一致的子公司战略，从而确保各子公司与企业总部发展方向的一致性。此外，总部可根据子公司的具体情况，对子公司战略规划的监管选择指导型、审批型或直接制定型等不同方式。

（2）子公司人事管理情况。国有企业内部人事管理的监管主要包括子公司高级管理人员（含董事会、监事会主要成员）、财务负责人（总会计师、财务总监、财务经理等），以及核心业务/技术负责人等的任免、考核和管理。具体情况而言，以上人员应由总部提名并任命，其人事关系与档案等均由总部管理，并接受总部对个人进行监督与管理考核。对于子公司而言，实行独立核算的公司负责高层管理人员、财务负责人的工资、奖金的制定和发放，并经总部审计；在不实行独立核算的公司中，高层管理人员、财务负责人的工资、奖金由总部制定和发放。

（3）子公司业务运行情况。国有企业内部经营实行全链监督，在上游采购环节，对子公司生产经营所需的关键原材料、供应渠道、采购价格和采购方式进行监督，降低采购成本和合规风险；在生产环节，对子公司产品的生产过程、关键技术、产品研发和产品质量进行监督，提高子公司的生产效率和核心竞争力；在销售环节，对子公司产品的市场和销售渠道、销售服务和产品品牌进行统一监督管理，确保各子公司业务行为的统一，实现公司的整体协调增长。

3.3.3　不同监管模式下的监管内容界定

国有企业总部在不同监管模式下对子公司的监管由"通用型监管内容＋选择型监管内容"合并组成。根据监管模式的特点，相应调整监管强度和范围。不同监管模式下总部对子公司的监管内容如表 3-3 所示。

表 3-3　　　　　　　　　不同监管模式下总部对子公司的监管内容

监管模式	监管内容
财务型监管模式	子公司制度建设情况 子公司财务管理情况 子公司经营效益情况 子公司党建工作情况
财务—战略型监管模式	子公司制度建设情况 子公司财务管理情况 子公司经营效益情况 子公司党建工作情况 子公司战略规划情况
战略型监管模式	子公司制度建设情况 子公司财务管理情况 子公司经营效益情况 子公司党建工作情况 子公司战略规划情况 子公司人事管理情况（核心）
战略—运营型监管模式	子公司制度建设情况 子公司财务管理情况 子公司经营效益情况 子公司党建工作情况 子公司战略规划情况 子公司人事管理情况（核心） 子公司业务运行情况（核心）
运营型监管模式	子公司制度建设情况 子公司财务管理情况 子公司经营效益情况 子公司党建工作情况 子公司战略规划情况 子公司人事管理情况 子公司业务运行情况

财务型监管为分权程度最高的监管工作模式，主要围绕通用型监管研究内容开展。财务—战略型监管模式是在财务型监管模式的内容上，引入了对子公司战略监管的相关内容，其监管强度略高于财务型监管模式。相应的，其对子公司经营绩效的监管也不仅局限于子公司年度绩效水平，还应注重子公司的战略型绩效与长期效益水平。战略型监管模式纳入了对子公司人员管理的监管。需要说明的是，该模式

主要是对子公司高管层和财务负责人进行监督管理，不涉及对特定业务层级人员的监督。战略—运营型监管模式将子公司业务运行环境情况纳入了监管内容，但其监管范围仅包括关乎企业战略发展的核心业务监管，并非全业务板块的监管，与其对应的，其对子公司人事管理实际情况的监管，也将进一步细化到对核心业务有关的重要组成人员的监管，如重大工程项目负责人、关键技术负责人等。运营型监管模式具有最高的权力集中度，其监管内容和监管强度远远高于其余的监管模式。其对子公司经营活动情况的监督管理是对企业总部整个经营活动和整个链条的监管，对子公司人事管理的监督也是对参与经营活动的所有重要人员的监督。

第4章

国有企业内部监管策略选择研究

本章进一步考虑监管过程中国有企业总部与子公司的动态博弈特征，通过分析双方的演化博弈关系，提出了演化博弈的基本假设与双方的博弈策略及支付函数，构建了国有企业对子公司监管的演化博弈模型。在此基础上，对不同情景下企业总部和子公司演化博弈过程的复制动态方程与最优均衡策略进行了推演。然后，结合第三章中不同监管模式的特征内涵，设计了相应的仿真算例，对不同监管模式、不同参数设置水平下国有企业总部的监管策略与子公司的应对策略进行了对比分析，验证了模型的有效性，并提出了国有企业内部监管策略选择的相关建议。

4.1　国有企业内部监管的演化博弈模型构建

本节内容通过分析国有企业总部与子公司之间的委托—代理关系，明确双方在监管过程中的利益博弈点与策略选择的基本原则。在此基础上，提出国有企业内部进行监管的演化博弈假设条件，并明确不同策略组合下的国有企业总部和子公司的支付函数与收益矩阵，从而构建国有企业内部监管的演化博弈模型。

4.1.1　国有企业总部与子公司间的演化博弈关系分析

为了进一步发挥国有企业在市场经济中的主体地位，在党的十五大后，我国国有企业进行了集团化改革，即通过战略性改组形成"具有较强竞争力的跨地区、跨行业、跨所有制和跨国经营的大企业集团"。国有企业的集团化改革有利于发挥集团的规模化优势，提高国有资产的配置效率，形成不同板块、不同业务的协同效应，也促进了国有企业的快速发展。集团化改革后，我国国有企业不再是单一的公司主体，而是建立了以资本为纽带，以国有企业总部和不同类型的子公司甚至三级公司为主体的委托—代理关系。从委托—代理理论的角度出发，国有企业集团公司可以看作是一系列契约的联结体，其衍生出来的一系列国有企业治理问题也受到了学术界与企业界的广泛关注。

首先，国有企业总部与子公司之间存在信息不对称性。子公司作为代理人，与国有企业总部相比，更加了解自身经营管理水平，并直接接触自身业务板块的市场环境，对生产经营涉及的供应链各环节的成本、价格、供需情况等基本信息拥有更加清晰的认知，对市场变化也更为敏感。这种信息不对称使得子公司可以利用自己掌握的信息谋取自身利益的最大化，进而产生违背总部委托意愿的道德风险问题。

其次，国有企业总部与子公司之间存在经营目标差异。委托人和代理人会结合自己所处环境，动态调整自身行为与决策以实现自身利益的最大化。在此情况下，国有企业总部与子公司之间的经营目标或决策导向可能会存在差异。具体而言，国有企业总部将以企业综合发展效益最大化为目标，除了关注经济效益之外，还要落实国家重要政策导向，提升整个社会福利。在此过程中，为了实现整个企业内部资源配置效率最优，可能牺牲个别子公司的权益，与子公司自身利益最大化的经营目标产生矛盾。

此外，国有企业现代化企业制度尚不完善，一方面，针对子公司经理人的责任考评激励机制薄弱，停留在重考核、轻激励的阶段，经理人即使付出大量精力提升企业发展质量，往往也难以得到相匹配的薪资待遇。另一方面，除重大事项决策失误和违法违纪行为外，子公司经理人并不需要为自己日常决策承担任何损失，在此情况下，子公司违背总部的委托意愿，以自身利益最大化为目标，谋取额外利润的动机提升，导致总部与子公司间委托—代理的道德风险增加。

总部为了解决委托—代理关系下的信息不对称问题与子公司道德风险问题，将对子公司进行监管，导致双方博弈关系的发生。监管过程中的监管成本水平、监管带来的收益、子公司的行为表现将对总部监管策略的选择带来影响；同样，总部的监管策略、子公司违背监管可能获得的额外利润，以及监管带来的处罚也会决定子公司的策略选择。在实际监管过程中，总部和子公司都会根据外部环境的变化、对方的策略选择而调整自己的策略，呈现出动态演化的行为特征。因此，下文拟通过构建演化博弈模型，以揭示国有企业内部监管的策略选择机理与演化博弈过程。

4.1.2　国有企业内部监管的演化博弈假设条件

结合上文对国有企业和子公司之间的委托—代理关系、经营目标矛盾、策略选择导向及演化博弈关系的分析，本节内容进一步提出了国有企业内部监管的演化博弈假设条件，从而为构建演化博弈模型奠定基础。

（1）演化博弈的主体为国有企业总部和子公司，对于国有企业总部而言，在与子公司的演化博弈过程中，其可以选择的策略包括实施监管和不实施监管两种；对于子公司而言，其可以选择以总部利益最大化为目标（服从总部监管策略）和以自身利益最大化为目标（不服从总部监管策略）两种策略。国有企业总部与子公司各自的策略选择具有异质性。

（2）国有企业总部和子公司在初始博弈状态下，存在对不同策略的选择概率，假设国有企业总部选择实施监管策略的概率为 x，则其选择不实施监管策略的概率为 $1-x$。假设子公司选择以总部利益最大化为目标策略的概率为 y，则其选择以自身利益最大化为目标策略的概率为 $1-y$。其中，x，y 需要满足"$0 \leqslant x$，$y \leqslant 1$"的约束。

（3）国有企业总部在对子公司进行监管时，一方面可以通过监管获得属于自己的股东收益，且监管模式不同、监管内容不同获得的收益也越高；另一方面，总部在对子公司监管的过程中需要付出相应的时间、精力以及金钱，即总部需要支付监管成本，且监管成本与监管带来的收益之间的差额将影响总部策略选择。

（4）子公司在以总部利益最大化为目标进行行为决策时，也能够获得分配给子公司的收益，收益的大小同样与监管模式、监管内容相关，本书假设子公司收益为总部将自身收益按照一定比例分配给子公司的提成。当子公司选择以自身利益最大化为目标而违背总部监管意愿时，其不仅可以收获既定分配的收益，还可以获得一定的额外收益。但与此同时，当子公司以自身利益最大化为目标的行为决策被总部发现时，子公司应受到相应的惩罚，向总部缴纳罚款。

（5）在博弈过程中国有企业总部与子公司双方是有限理性的，一方面，双方能够根据有限的信息，做出相应的有利于自身利益的策略选择。如当总部实施监管时带来的收益小于其付出的监管成本，总部将倾向于选择不实施监管的策略；同样，若子公司违背总部监管意愿获得的额外收益，小于自己可能受到的处罚时，也会倾向于选择以总部利益最大化为目标的策略。另一方面，双方在博弈的过程中根据对方的策略选择来动态地改变自身的策略，如子公司在初始状态时倾向于选择以自身利益最大化，但在博弈过程中发现总部对自己进行了的监管，且处罚力度较高，子公司将可能改变自己的选择，实施以总部利益最大化为目标的策略。

（6）国有企业与子公司进行的是不完全信息博弈，即双方均不了解对方在此次博弈过程中获得的效用水平（即演化博弈的支付函数），此外，双方在初始状态时也不知晓对方的策略选择，而是在经过一定时期的博弈之后，通过观察自身与对方主体收益情况的差异，逐步发现做出哪种决策可以使自己获得更大收益，从而保持自身原有决策或开始模仿对方的行为。

基于上述假设，可明确国有企业总部和子公司的演化博弈策略组合及其内涵解释如表 4-1 所示。

表 4-1　　　　　　　国有企业总部和子公司的演化博弈策略组合

博弈主体		国有企业总部	
	博弈策略	实施监管	不实施监管
国有企业子公司	以总部利益最大化为目标	（总部实施监管，且子公司以总部利益最大化为目标）	（总部不实施监管，但子公司以总部利益最大化为目标）
	以自身利益最大化为目标	（总部实施监管，但子公司以自身利益最大化为目标）	（总部不实施监管，且子公司以自身利益最大化为目标）

4.1.3　国有企业内部监管的演化博弈收益矩阵

在明确国有企业总部与子公司演化博弈中的策略组合后，本节内容将进一步对国有企业总部和子公司在演化博弈过程中的效用水平进行分析，进而构建双方的支付函数，具体而言，不同策略组合下国有企业总部和子公司的支付函数表达式如下。

（1）当子公司以总部利益最大化为目标，且总部实施监管策略时，子公司效用仅为总部给予其的收益提成，其支付函数可表达为：

$$S_1 = a \times s \tag{4-1}$$

式中：S_1 为子公司在该策略组合下的收益情况；a 为子公司选择以总部利益最大化为目标的策略时能够为总部创造的收益；s 为总部将自身收益分配给子公司提成的比例。

总部在博弈过程中的效用包括子公司为总部创造的收益，减去总部需要支付的监管成本与给予子公司的收益提成，其支付函数表达式为：

$$T_1 = a - (l \times c + m \times d + n \times e) - S_1 \tag{4-2}$$

式中：T_1 为总部在该策略组合下的收益情况；l 为总部对子公司财务工作情况进行监管占总部全部监管精力的比例，$0 \leqslant l \leqslant 1$；$c$ 为总部对子公司财务工作情况进行监管的成本；m 为总部对子公司战略制定情况进行监管占总部全部监管精力的比例，$0 \leqslant m \leqslant 1$；$d$ 为总部对子公司战略制定情况进行监管的成本；n 为总部对子公司业务运营情况进行监管占总部全部监管精力的比例，$0 \leqslant n \leqslant 1$；$e$ 为总部对子公司业务运营情况进行监管的成本。

（2）当子公司以总部利益最大化为目标，但总部不实施监管策略时，子公司获得的效用与上一策略组合一致，支付函数 $S_2 = S_1$。此时，总部不再需要支付监管成本，其支付函数表达式为：

$$T_2 = a - S_1 \tag{4-3}$$

式中：T_2 为子公司在该策略组合下的收益情况。

（3）当子公司以自身利益最大化为目标，但总部实施监管策略时，子公司的效用包括总部给予其的收益提成，可以获得额外的收益，但也需要承担总部发现其违背总部监管意愿时对其的惩罚，其效用函数可表示为：

$$S_3 = b \times s + a \times b - (l \times c + m \times d + n \times e) - (a - b) \times s \tag{4-4}$$

式中：S_3 为子公司在该策略组合下的收益情况；b 为子公司选择以自身利益最大化为目标的策略时能够为总部创造的收益；a 为子公司以自身利益最大化为目标时能够获取的额外收益占总部收益的比例。

由式（4-4）可知，子公司违背总部监管意愿被总部发现时，受到的处罚包括支付总部监管的成本，以及补偿总部因其违背监管意愿带来的收益损失两部分。相应的，此时总部的收益包括子公司为总部创造的收益、总部收缴的对子公司的罚金之和，减去总部需要承担的监管成本与子公司以其自身利益最大化为目标时对总部收益带来的损失，故其支付函数可表达为：

$$T_3 = b - b \times s - \alpha \times b + (a - b) \times s \qquad (4\text{-}5)$$

式中：T_3 为总部在该策略组合下的收益情况。此处需要解释的是，本书假设子公司违背总部监管意愿时获得额外收益时，损害了总部的利益，即相当于把总部给予自己的收益提成比例进行了提高，故总部支付函数需要减去子公司的额外收益。

（4）当子公司以自身利益最大化为目标，且总部不实施监管策略时，子公司获得的效用包括总部给予自己的收益提成，以及额外收益，同时由于总部不监管，子公司不存在向总部支付罚金的情况，故此时子公司的支付函数为：

$$S_4 = b \times s + \alpha \times b \qquad (4\text{-}6)$$

式中：S_4 为子公司在该策略组合下的收益情况。而总部由于没有实施监管策略，其效用仅为子公司为其创造的价值，减去给予子公司的收益提成和子公司额外收益对总部带来的利益损失，其支付函数为：

$$T_4 = b - b \times s - \alpha \times b \qquad (4\text{-}7)$$

式中：T_4 为总部在该策略组合下的收益情况。结合上文对不同博弈策略组合下，国有企业总部和子公司的支付函数的分析，可进一步建立国有企业对子公司监管的演化博弈收益矩阵，如表 4-2 所示。

表 4-2　　　　　　　　　国有企业内部监管的演化博弈收益矩阵

博弈主体	国有企业总部		
国有企业子公司	博弈策略	实施监管		不实施监管
	选择概率	x	$1-x$
	以总部利益最大化为目标　y	(S_1, T_1)	(S_2, T_2)
	以自身利益最大化为目标　$1-y$	(S_3, T_3)	(S_4, T_4)

4.2　国有企业内部监管的演化博弈过程分析

在构建国有企业内部监管的演化博弈收益矩阵后，本节内容结合不同博弈策略组合下企业总部和子公司的支付函数，对其期望收益和演化博弈稳定性进行了进一步分析，从而得出最适合国有企业与子公司监管的策略组合。

4.2.1　国有企业总部和子公司演化博弈的复制动态方程

在演化博弈的理论中，由于博弈方是有限理性的，博弈方策略的调整速度可以用生物进化的进化动态方程——复制动态方程表示。假定时间是连续的并且博弈主体会倾向于学习和模仿相对有较高回报的博弈策略行为。在博弈中某种特定策略在某主体中被选择比例的变化速度一般可以由如下微分方程式所表示[106]：

$$\frac{dx}{dt} = x(U_y - \overline{U}) \qquad (4\text{-}8)$$

式中：x 为该博弈方选择该策略的概率；U_y 为采用该策略的期望收益；$\overline{U}$ 为所有博弈方的平均策略收益；$\dfrac{dx}{dt}$ 为选择该策略的博弈方概率随着时间的变化率。

该动态微分方程的意义是：选择该策略的博弈方比例的变化率与该类型博弈方的概率成正比，与该类型博弈方的期望收益大于所有博弈方平均收益的幅度也成正比。

（1）博弈过程中国有企业总部期望收益及复制方程分析。

由 4.1.3 中构建的收益矩阵可知，总部选择实施监管策略时的期望收益为：

$$\overline{U}_T^1 = y \times T_1 + (1-y) \times T_3 = y \times [a-(l \times c + m \times d + n \times e) - a \times s] + \\ (1-y) \times [b - b \times s - \alpha \times b + (a-b) \times s] \tag{4-9}$$

国有企业总部选择不实施监管策略时的期望收益为：

$$\overline{U}_T^2 = y \times T_2 + (1-y) \times T_4 = y \times (a - a \times s) + (1-y) \times (b - b \times s - \alpha \times b) \tag{4-10}$$

因此，可进一步计算国有企业总部的平均期望收益函数为：

$$U_T = x \times \overline{U}_T^1 + (1-x) \times \overline{U}_T^2 \tag{4-11}$$

根据公式（4-8），可以得到国有企业总部的复制动态方程为：

$$F(x) = \frac{dx}{dt} = x \times (\overline{U}_T^1 - U_T) = x \times (1-x) \times (\overline{U}_T^1 - \overline{U}_T^2) = x \times (1-x) \times \\ [y \times (T_1 - T_2 - T_3 + T_4) + T_3 - T_4] = x \times (1-x) \times \\ [(1-y) \times (a-b) \times s - y \times (l \times c + m \times d + n \times e)] \tag{4-12}$$

（2）博弈过程中子公司期望收益及复制方程分析。

与上述分析类似，子公司选择以总部利益最大化为目标时的期望收益为：

$$\overline{U}_S^1 = x \times S_1 + (1-x) \times S_2 = a \times s \tag{4-13}$$

子公司选择以自身利益最大化为目标时的期望收益为：

$$\overline{U}_S^2 = x \times S_3 + (1-x) \times S_4 = x \times [b \times s + \alpha \times b - (l \times c + m \times \\ d + n \times e) - (a-b) \times s] + (1-x) \times [b \times s + \alpha \times b] \tag{4-14}$$

因此，子公司的平均期望收益函数为：

$$U_S = y \times \overline{U}_S^1 + (1-y) \times \overline{U}_S^2 \tag{4-15}$$

同样可得到子公司的复制动态方程为：

$$F(y) = \frac{dy}{dt} = y \times (\overline{U}_S^1 - U_S) = y \times (1-y) \times (\overline{U}_S^1 - \overline{U}_S^2) \\ = y \times (1-y) \times [x \times (S_1 - S_2 - S_3 + S_4) + S_2 - S_4] \\ = y \times (1-y) \times \{x \times [(a-b) \times s + (l \times c + m \times d + n \times e)] + \\ (a-b) \times s - a \times b\} \tag{4-16}$$

4.2.2　国有企业总部和子公司演化博弈的均衡策略分析

当复制动态方程为 0 时，博弈双方的策略选择趋于稳定，也就是博弈达到了相对均衡状态。即令 $F(x)$，$F(y)=0$，可以得到（0，0），（0，1），（1，0）和（1，1）四个均衡解。当且仅当 $T_1-T_2>0$，$S_1-S_3>0$ 时，将存在另外一个均衡解为：$\left(\dfrac{S_4-S_2}{S_1-S_2-S_3+S_4}, \dfrac{T_4-T_3}{T_1-T_2-T_3+T_4}\right)$，此时满足 $0\leqslant x$，$y\leqslant1$ 的约束。但是根据上文收益矩阵可知，一定存在 $T_1-T_2<0$，因此不存在第 5 个均衡点的情况。此外上述 4 个均衡点中并非均为该演化博弈模型的演化稳定策略（ESS），为了进一步分析所得到的各个均衡解的稳定性，可借助雅克比（Jaconbian）矩阵，判断得到演化稳定策略。复制动态方程的雅克比矩阵为[107]：

$$J=\begin{pmatrix}\dfrac{\partial F(x)}{\partial x} & \dfrac{\partial F(x)}{\partial y}\\[2mm]\dfrac{\partial F(y)}{\partial x} & \dfrac{\partial F(y)}{\partial y}\end{pmatrix}=\begin{pmatrix}a_{11} & a_{12}\\ a_{21} & a_{22}\end{pmatrix}=$$

$$\begin{pmatrix}(1-2x)[y\times(T_1-T_2-T_3+T_4)+T_3-T_4] & x(1-x)(T_1-T_2-T_3+T_4)\\ y(1-y)(S_1-S_2-S_3+S_4) & (1-2y)[x(S_1-S_2-S_3+S_4)+S_2-S_4]\end{pmatrix}$$

$$(4-17)$$

根据式（4-17），可计算雅克比矩阵 J 的行列式 $detJ$ 和矩阵的迹 trJ：

$$detJ=a_{11}\times a_{22}-a_{12}\times a_{21} \tag{4-18}$$

$$trJ=a_{11}+a_{22} \tag{4-19}$$

根据雅克比矩阵的特性，如果某一均衡点的 $detJ>0$，且 $trJ<0$，那么在这个均衡点存在局部稳定性；如果某个均衡点的 $detJ>0$，且 $trJ>0$，那么在这个均衡点不稳定；如果均衡点的 $detJ<0$，且 $trJ<0$ 或者不确定时，那么这个均衡点为鞍点。通过式（4-17）～式（4-19），可求得不同均衡点下雅克比矩阵 J 的行列式 $detJ$ 和矩阵的迹 trJ，结果如表 4-3 所示。

表 4-3　　　　　　　　不同均衡点的雅克比矩阵行列式和迹

均衡点	行列式 $detJ$	迹 trJ
（0，0）	$(T_3-T_4)(S_2-S_4)$	$(T_3-T_4)+(S_2-S_4)$
（0，1）	$(T_1-T_2)(S_4-S_2)$	$(T_1-T_2)+(S_4-S_2)$
（1，0）	$(T_4-T_3)(S_1-S_3)$	$(T_4-T_3)+(S_1-S_3)$
（1，1）	$(T_2-T_1)(S_3-S_1)$	$(T_2-T_1)+(S_3-S_1)$

进一步结合收益矩阵易知 $T_3>T_4$，且 $T_1<T_2$，那么局部均衡点的类型将取决于：S_3-S_1 与 S_4-S_2 的正负，可按如下四个情景进行具体分析：

情景 1：$S_3>S_1$ 且 $S_4>S_2$ 时，（1，0）为 ESS 点。分析每个均衡点的雅克比矩阵，结果如表 4-4 所示。

情景 2：$S_3>S_1$ 且 $S_4<S_2$ 时，（0，1）和（1，0）均为 ESS 点。分析每个均衡点的雅克比矩阵，结果如表 4-5 所示。

表 4-4　　　　　　　　　情景 1 下不同均衡点的局部稳定性

均衡点	$detJ$ 的正负	trJ 的正负	稳定性
(0, 0)	−	不确定	鞍点
(0, 1)	−	不确定	鞍点
(1, 0)	+	−	ESS
(1, 1)	+	+	不稳定

表 4-5　　　　　　　　　情景 2 下不同均衡点的局部稳定性

均衡点	$detJ$ 的正负	trJ 的正负	稳定性
(0, 0)	+	+	不稳定
(0, 1)	+	−	ESS
(1, 0)	+	−	ESS
(1, 1)	+	+	不稳定

情景 3：$S_3 < S_1$ 且 $S_4 < S_2$ 时，（0，1）为 ESS 点。分析每个均衡点的雅克比矩阵，结果如表 4-6 所示。

表 4-6　　　　　　　　　情景 3 下不同均衡点的局部稳定性

均衡点	$detJ$ 的正负	trJ 的正负	稳定性
(0, 0)	+	+	不稳定
(0, 1)	+	−	ESS
(1, 0)	−	不确定	鞍点
(1, 1)	−	不确定	鞍点

情景 4：$S_3 < S_1$ 且 $S_4 > S_2$ 时，不存在 ESS 点。分析每个均衡点的雅克比矩阵，结果如表 4-7 所示。

表 4-7　　　　　　　　　情景 4 下不同均衡点的局部稳定性

均衡点	$detJ$ 的正负	trJ 的正负	稳定性
(0, 0)	−	不确定	鞍点
(0, 1)	−	不确定	鞍点
(1, 0)	−	不确定	鞍点
(1, 1)	−	不确定	鞍点

通过对不同情景的均衡点稳定性分析，可知国有企业总部对子公司监管的演化博弈过程的"总部实施监管策略，子公司以自身利益最大化为目标"和"总部不实施监管策略，子公司以总部利益最大化为目标"这两种策略组合，在情景 2 时这两种策略组合均为较为稳定的策略组合，此时其他两种局部均衡点都处于不理想的均衡策略组合。

4.3 国有企业内部监管策略选择的仿真分析

在对国有企业内部监管的演化博弈过程进行分析后，本书进一步结合国有企业内部监管的五种监管模式特征，设置了相应的算例进行仿真，以验证模型的有效性，并进行了不同参数的敏感性分析，明确影响国有企业总部和子公司策略选择的关键因素，为国有企业总部选择合适的监管策略提供参考。

4.3.1 国有企业内部监管的演化博弈算例设计

根据本书第三章所述，国有企业总部对子公司实施监管策略时，有五种不同的监管模式可以选择，分别为财务型监管模式、财务—战略型监管模式、战略型监管模式、战略—运营型监管模式及运营型监管模式。为了更清楚地了解不同监管模式下国有企业总部与子公司的策略选择情况，需要对前文构建的演化博弈模型做进一步的仿真分析。基于此，本书设计了以下 5 个算例，且各算例中支付函数及复制动态方程中涉及的参数设置如表 4-8 所示。

算例 1：财务型监管模式下国有企业内部监管策略的演化博弈；

算例 2：财务-战略型监管模式下国有企业内部监管策略的演化博弈；

算例 3：战略型监管模式下国有企业内部监管策略的演化博弈；

算例 4：战略-运营型监管模式下国有企业内部监管策略的演化博弈；

算例 5：运营型监管模式下国有企业内部监管策略的演化博弈。

表 4-8   基于不同监管模式的国有企业总部对子公司监管的演化博弈参数设定

参数	算例 1	算例 2	算例 3	算例 4	算例 5
a	30	30	30	30	30
b	28	28	28	28	28
c	2	2	2	2	2
d	3	3	3	3	3
e	5	5	5	5	5
α	0.3	0.3	0.2	0.2	0.1
l	1	0.5	0.4	0.3	0.2
m	0	0.5	0.4	0.3	0.3
n	0	0	0.2	0.4	0.5
s	0.8	0.75	0.7	0.65	0.5

在表 4-8 中，首先，考虑到五种监管模式的监管内容不同，因此各算例中总部对子公司的财务工作情况、战略制定情况、业务运营情况进行监管占总部全部监管精力的比例设置存在区分，即 l，m，n 的大小存在差异。例如，算例 1 中总部仅对子公司财务工作情况进行监管，并不涉及战略制定情况与业务运营情况的监管，因此，

算例 1 中 $l=1$ 且 m，$n=0$。通过对监管成本相关参数的进一步分析可知，随着监管集权程度的增高，监管成本也会上升。

其次，考虑到五种监管模式的监管力度、集权程度存在差异，因此子公司可获得的总部收益提成比例 s 存在差距，以自身利益最大化为目标时，可获得的额外收入占为总部创造收益的比例 α 存在差异。具体而言，监管集权程度越高，子公司对收益进行分配的影响逐渐减弱，s 与 α 的取值也越小。相应的，子公司违背总部监管意愿的动机越低，且违背总部监管意愿受到的处罚越大。

此外，为了保证不同算例结果对比分析的可靠性，本书假定不同监管模式下，子公司以总部利益最大化为目标时带来的收益 a 相同，子公司以自身利益最大化时为总部创造的收益 b 相同，总部对子公司财务工作情况、战略制定情况、业务运营情况进行监管的监管成本基数相同。为了使仿真分析的结果更有可比性，本书还假设不同监管模式下国有企业总部策略选择的初始概率与子公司策略选择的初始概率保持一致，并将初始概率组合分别设定为 (0.8，0.8)、(0.5，0.5)、(0.2，0.2)。其中，(0.8，0.8) 表示初始状态下，国有企业总部倾向于选择实施监管策略，子公司倾向于以总部利益最大化目标这一策略选择；(0.5，0.5) 表示初始状态下，无论是国有企业总部还是子公司，选择哪种策略的可能性都是一样的；(0.2，0.2) 表示初始状态下，国有企业总部倾向于选择不实施监管策略，而子公司倾向于选择以自身利益最大化目标这一策略。

4.3.2　不同监管模式下演化过程与博弈结果的对比分析

本部分内容基于前一节的算例设计情况，利用 Python 编译软件，将国有企业内部的监管策略选择的动态演化过程进行仿真模拟，并通过观测随着动态演化时间的变化，对不同监管模式下国有企业总部与子公司均衡策略选择的差异进行对比分析。

1. 财务型监管模式下国有企业总部与子公司均衡策略选择

算例 1 中，在财务型监管模式下，国有企业总部的监管成本全部来自于对子公司财务工作情况的监管，在该种监管模式下，子公司自负盈亏，经营活力较强，有比较大的自主权，此时子公司从总部中获取的收益提成最高。如图 4-1 所示，随着动态演化时间的变化，无论初始概率为多少，国有企业总部最终都会趋于执行监管职能这一策略选择，而对子公司而言，选择以自身利益最大化为目标则是经过一番博弈后更加有利于自身发展的策略选择，即通过博弈，国有企业总部和子公司稳定的均衡策略组合为"总部实施监管，但子公司以自身利益最大化为目标"。

另外，对于三种不同的初始概率来说，国有企业总部开始都倾向于选择对子公司放松监管，可以看出当国有企业总部选择监管的初始概率为 0.8 时，其博弈的策略选择的演化曲线呈现明显的先下降再上升的形态。表明国有企业总部开始时倾向于选择不执行监管职能，赋予子公司足够的权利，这也正符合财务型监管的特征。

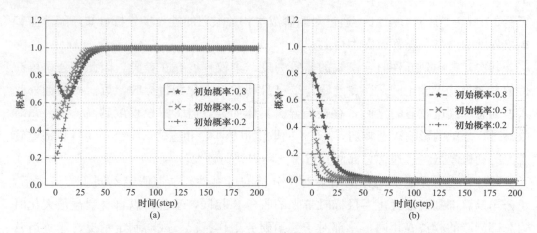

图 4-1　财务型监管模式下国有企业总部与子公司的演化博弈仿真结果

（a）总部策略；（b）子公司策略

而在初始概率设置下，子公司初始阶段倾向于选择以自身利益最大化为目标，因此双方存在博弈关系。总部在接收到子公司违背自身监管意愿时，开始实施监管策略。而此时，尽管子公司感受到总部对其进行监管，但由于自身不服从总部监管意愿时获得的额外收益大于其服从监管时的收益提成，且总部对其惩罚力度不足，因此依旧选择以自身利益最大化为目标的策略，因此博弈过程向着"总部实施监管，但子公司以自身利益最大化为目标"的最终结果进行演化。

该情境下，国有企业对子公司监管的博弈均衡策略组合符合财务型监管模式下分权程度相对较高的特征，总部倾向于打造价值型总部，给予子公司充分的经营自主权，子公司自身的经营活力、市场化行为也较高。此时，总部应加强对子公司财务预算方案、决算方案的审核工作以保障自身利益，必要时还可以增加对子公司的战略监管，保障子公司经营发展符合企业整体战略方向。

2. 财务—战略型监管模式下国有企业总部与子公司均衡策略选择

算例 2 中，在财务—战略型监管模式下，国有企业总部的监管成本来自于对子公司的财务工作情况监管和战略制定情况监管两部分，反映在参数设置时，将两者监管占总部监管精力的比例系数 l 和 m 均设置为 0.5。在该种监管模式下，子公司虽然经营活力仍较强，但对总部给予自身的收益提成的影响已经下降。在此情景下，国有企业总部与子公司均衡策略选择的博弈过程如图 4-2 所示。

由图 4-2 可知，与财务型监管模式的演化博弈策略相同，在财务—战略型监管模式下，随着动态演化时间的变化，国有企业总部最终也会趋于选择实施监管策略，而子公司仍然会选择以自身利益最大化为目标这一策略选择。该结果表明，尽管在财务—战略型监管模式下总部需要承担更高的监管成本，但此监管成本仍能使得总部最终受益，而子公司被发现以自身利益最大化为目标时，承担的惩罚也不足以抵消额外的收益，所以子公司和总部最终仍然选择了"总部实施监管，但子公司以自

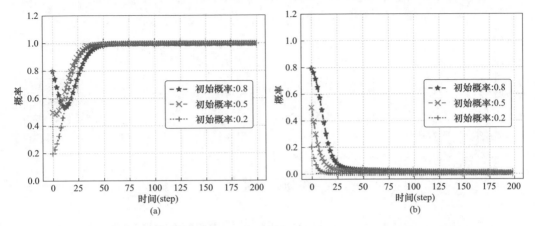

图 4-2 财务—战略型监管模式下国有企业总部与子公司的演化博弈仿真结果

（a）总部策略；（b）子公司策略

身利益最大化为目标"这一策略组合。

进一步对比算例 1 和算例 2 的演化仿真结果，可以看出与财务型监管模式相比，财务—战略型监管模式下的国有企业总部与子公司策略的调整速度更快，达到均衡策略组合的时间更短，这就意味着，当总部执行财务—战略型监管模式时，国有企业总部和子公司博弈时反应迅速，都能够更快地根据对方的行为决策及时制定出符合自身利益的策略选择。

3. 战略型监管模式下国有企业总部与子公司均衡策略选择

算例 3 中，在战略型监管模式下，国有企业内部的监管以战略制定情况为核心，同时辅以财务工作情况与核心人事任免等内容的监管。本书将核心人事任免事项的监管成本统一归入到业务运营情况监管成本中，通过设置业务运营情况监管占总部整体监管精力比重，体现战略型监管模式在监管内容方面与其他监管模式的差别。具体而言，其三项监管分别占总部监管精力的比例系数为 $l=0.4$，$m=0.4$，$n=0.2$。此外，相比于前两种监管模式，在战略型监管模式下，子公司对自身收益的影响程度进一步降低，$s=0.7$。基于上述参数变化，可求得战略型监管时的演化仿真结果，如图 4-3 所示。

由图 4-3 可知，在战略型监管模式下，国有企业总部与子公司的策略选择出现了明显变化。即随着动态演化时间的变化，国有企业总部最终会趋于不实施监管策略这一选择，而对子公司而言，最终会选择以总部利益最大化为目标这一策略选择。其主要原因在于，总部实施监管策略时，支付的监管成本高于其不实施监管时导致的经济损失，因此总部更倾向于放弃监管；而由于总部监管成本上升，子公司违背总部意愿时可能支付的罚金也较高，子公司违背总部监管意愿带来的额外收益不足以打动子公司，因此选择稳妥的策略，即以总部利润最大化为目标的监管策略。

进一步分析可得，当初始概率组合为（0.2，0.2）时，总部的演化博弈曲线呈

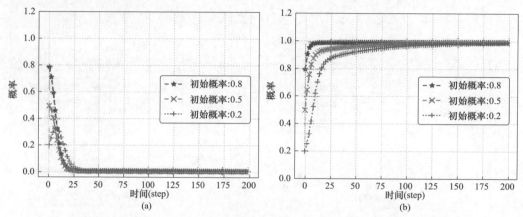

图 4-3　战略型监管模式下国有企业总部与子公司的演化博弈仿真结果

（a）总部策略；（b）子公司策略

现先上升后下降的趋势，表明总部的初始策略倾向于实施监管，但在博弈过程中发现，此时子公司选择以总部利益最大化，如果继续对子公司监管，总部将承担无谓的监管成本，因此转而选择不实施监管策略，以实现自身效益的最大化。因此，双方博弈的最优策略组合为"总部不实施监管，但子公司以总部利益最大化为目标"。

4. 战略—运营型监管模式下国有企业总部与子公司均衡策略选择

算例 4 中，在战略—运营型监管模式下，总部开始对子公司的核心业务进行监管，业务运营情况进行监管占总部全部监管精力的比例 n 上升为 0.4，相应的，总部的监管成本及子公司违背总部意愿时承担的惩罚也被抬升。此时，子公司的经营活力明显受限，对总部给予自己的收益提成的影响再次缩减。战略型监管下的国有企业内部监管的演化仿真结果如图 4-4 所示。

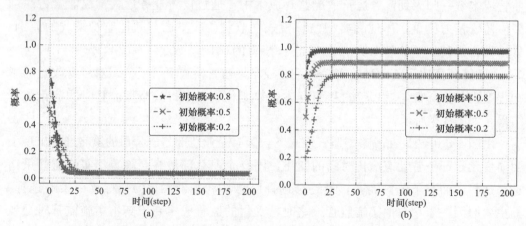

图 4-4　战略—运营型监管模式下国有企业总部与子公司的演化博弈仿真结果

（a）总部策略；（b）子公司策略

由图 4-4 可知，在战略—运营型监管模式下，随着动态演化时间的改变，国有企业总部的最终策略选择趋向于不实施监管策略，子公司最终策略选择则会趋向于以总部利益最大化为目标,最终的均衡策略组合"总部不实施监管,但子公司以总部利益最大化为目标"与战略型监管模式的均衡策略组合一致,导致这一结果的原因依然是总部实施监管策略需要支付更多的监管成本,子公司也不愿承受追求自身利益最大化带来的巨额罚金。与战略型监管模式相比,战略—运营型监管模式下国有企业总部的决策调整速率与之基本保持一致。而子公司策略调整速率明显高于前一种监管模式,无论子公司选择策略的初始概率为多少,都能迅速达到均衡策略。

需要注意的是,与其他几种模式不同的是,在战略—运营型监管模式下,不同的初始概率设置情形下,子公司的策略选择的收敛速率存在明显差异,且最终结果也没有收敛到同一水平上。其主要原因是,当初始概率组合为(0.8,0.8)时,由于总部初始对实施监管策略的倾向程度更高,子公司在博弈过程中接收到的总部实施监管的信号也更强烈,因此其在进行简短思考后便选择以总部利益最大化为目标。随着初始概率降低,总部在博弈过程中展现的监管意愿并不强烈,子公司与总部博弈的过程也相对更久,收敛速度变慢。尽管最终子公司仍然选择了以总部利益最大化为目标,但做出这一选择的主观意愿水平有所下降,表现为最终收敛的概率水平小于 1,即存在"心有不甘"的情形。

5. 运营型监管模式下国有企业总部与子公司均衡策略选择

算例 5 中的运营型监管模式集权程度达到最高,对子公司业务运营情况的干预也最多,此时总部的监管成本达到最高水平,子公司对总部给予自己的收益提成的影响也达到了最小,因此,从理论上来讲该模式下双方的博弈均衡策略应与战略型监管模式和战略—运营型监管模式保持一致,具体的演化过程与结果如图 4-5 所示。

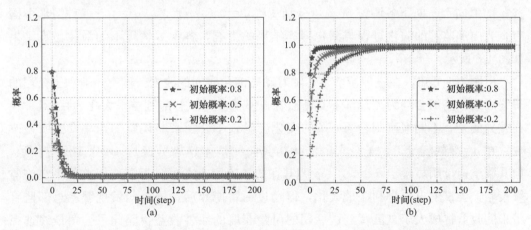

图 4-5 运营型监管模式下国有企业总部与子公司的演化博弈仿真结果

(a) 总部策略;(b) 子公司策略

从演化仿真结果可知,子公司和国有企业总部的均衡策略组合仍然为"总部不实施监管,但子公司以总部利益最大化为目标",与前文分析保持一致。进一步分析曲线的波动情况可知,当初始概率组合为(0.2,0.2)时,算例 5 与算例 4 的总部策略演化曲线均存在短暂的上升情况，表明在该概率组合情境下，总部一开始有向实施监管策略的方向倾斜。但算例5中曲线向上的程度低于算例4，表明更加高昂的监管成本进一步抑制了总部实施监管策略的意愿。算例3～算例5的仿真结果表明，当总部尝试对子公司的日常业务运营监管时，高昂的监管成本将会成为其实施监管策略的最大障碍。因此，总部一方面应该对子公司进行"解绑"，减少对子公司的约束，释放其经营活力，同时降低自身管理成本。另一方面，针对不得不管的事项，总部应抓住核心要素，探索效率高、成本低的监管方式，保障监管策略的有效落地。

4.3.3 不同参数设置对演化过程与博弈结果的影响分析

如前文所述，在监管过程中，国有企业总部和子公司的策略选择与动态演化过程可能会受到多个参数的影响。通过调整不同参数设置水平，观测国有企业内部监管的演化博弈结果，有助于国有企业总部和子公司根据监管事项、监管模式的不同，做出科学的策略选择。基于此，本节内容选取算例5作为分析样本，在控制其他参数不变的情况下，分别调整子公司选择以总部利益最大化为目标的策略时能够为总部创造的收益 a、总部将自身收益分配给子公司提成的比例 s、总部对子公司财务工作情况进行监管的成本 e、子公司以自身利益最大化为目标时能够获取的额外收益占总部收益的比例 α 四个参数，通过对比分析，揭示不同参数对国有企业内部监管的演化博弈策略选择的影响机理。

1. 参数 a 变化对演化过程与博弈结果的影响分析

将算例5中子公司选择以总部利益最大化为目标的策略时能够为总部创造的收益 a 的值向上、向下各调整50％，分别观测 $a=1.5$，$a=3$ 与 $a=4.5$ 三种情形下国有企业内部监管的演化过程与演化博弈结果的影响，各参数情境下的演化仿真结果如图4-6所示。

由图4-6可知，在三种情境下，随着动态演化时间的改变，国有企业和子公司的最终均衡策略组合均为"总部不实施监管，但子公司以总部利益最大化为目标"。存在差异的是，不同概率组合下，a 的变化会导致子公司策略调整的速率发生明显改变。在 $a=3$ 的场景下，子公司的演化仿真曲线整体趋势尽管与 $a=4.5$ 保持一致，但其调整速度明显慢于 $a=4.5$，表明其在初始阶段会考虑是否需要因总部不实施监管策略，尝试追求自身利益最大化，但经过一番博弈后，子公司发现服从总部监管带来的收益提成大于自己冒着被惩罚的风险获取的额外收益，因此子公司最终选择以追求总部利益最大化为目标。当 $a=1.5$ 时，国有企业总部在不同初始概率设置下的最终收敛水平并不全都是0，也就是说当子公司以总部利益最大化为目标，且其总部创造的收益处于较低水平时，总部决定不实施监管策略这一选择有所动摇。其原因在于，当 a 较低时，子公司的收益提成降低，子公司的初始选择趋向于以自身利益最大化为目标，导致总部与其博弈的过程加剧，导致最终总部不监管的选择有所动摇。

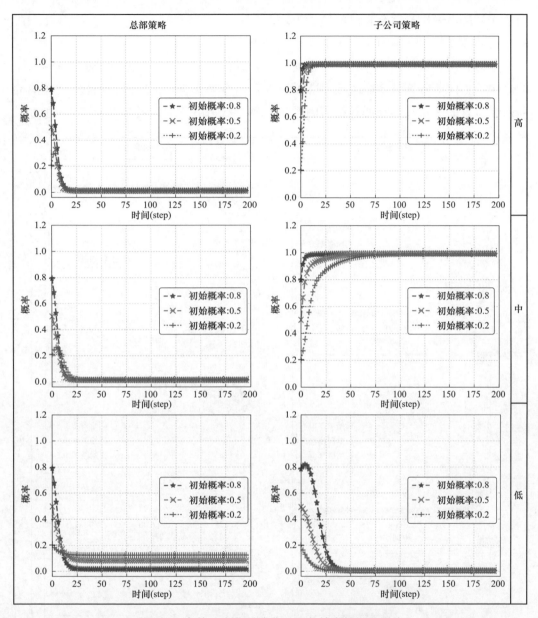

图 4-6　参数 a 变化对演化过程与博弈结果的影响

　　基于上述分析可知，子公司选择以总部利益最大化为目标的策略时能够为总部创造的收益可视为对子公司是否选择违背总部监管的"信号塔"，当子公司在做策略选择时，会权衡收益与风险损失，当国有企业总部给出的"信号"较弱时，子公司不愿承担风险，选择稳妥地追求总部利益最大化为目标的策略；当总部释放的"信号"足够强时，子公司便会大胆选择以自身利益最大化为目标的策略，不惜损害总部利益，却因此避免高额罚金。因此，国有企业对子公司进行监管时，可根据子公司选择以总部利益最大化为目标的策略时能够为总部创造的收益，预测子公司的行为选择，进而做出最适合自己的监管策略。

2. 参数 e 变化对演化过程与博弈结果的影响分析

本部分内容选取演化博弈模型中的参数 e 进行模型结果的敏感性分析，分别对 e 的值向上、向下各调整 50%，分别观察 $e=7.5$，$e=5$ 与 $e=2.5$ 三种情境下国有企业内部监管的演化过程与博弈结果的影响，各参数情境下的仿真结果如图 4-7 所示。

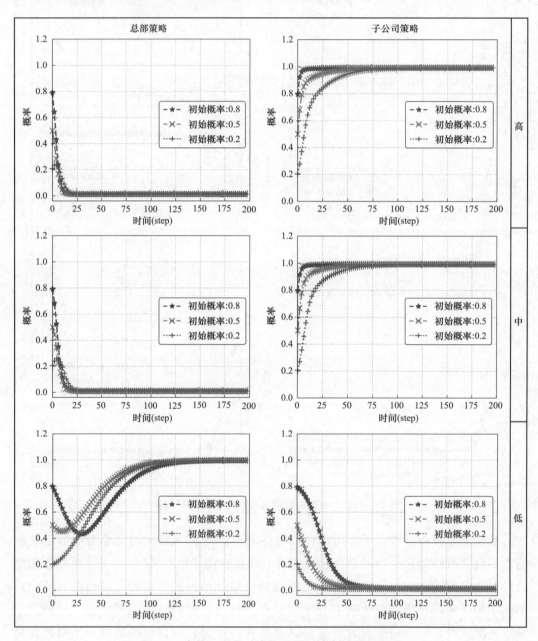

图 4-7 参数 e 变化对演化过程与博弈结果的影响

如图 4-7 所示，在 $s=7.5$ 与 $s=5$ 两种情境下，随着动态演化实践的改变，国有企业总部的最终策略选择都趋向于不实施监管策略，子公司最终策略选择则会趋向于以总部利益最大化为目标，即最终均衡策略组合为"总部不实施监管，子公司以总部利益最大化为目标"。在运营型监管模式下，总部的监管成本较高，在现有情况以及监管成本进一步提升的情况下，若子公司"铤而走险"选择以自身利益最大为目标，而总部对其进行监管时，子公司将面临巨大的惩罚成本，因此子公司普遍不愿承受由于追求自身利益最大化而带来巨额罚金的风险。同时，由于子公司普遍选择主动以总部利益最大为目标的运营策略，总部则不需再付出高额监管成本的代价对子公司进行监管。

当 $s=2.5$ 时，子公司则最终趋向于以自身利益最大为目标，造成这种现象的原因主要是，随着监管成本的降低，子公司以自身利益最大为其带来的额外收益将高于其面临的惩罚成本，额外收益的"诱惑"使得子公司甘愿冒着被惩罚的风险选择以自身利益最大为运营目标。同样的，较低的监管成本对于国有企业总部的策略选择也会带来较大的影响，当总部察觉子公司将普遍选择以自身利益最大为运营目标时，也将趋向于采取监管的措施，一是由于监管成本较低，在监管策略的压力下子公司为总部带来的利益提升将大于其监管成本，二是由于子公司选择自身利益最大为运营目标时，总部若实施监管策略，其监管成本将由损害总部利益的子公司承担，总部付出的监管成本也能得到补偿，因此总部也将选择实施监管策略。

基于上述分析可知，监管成本可以看作子公司选择违背总部监管意愿的"门槛"，在子公司做出运营决策时，首先会权衡其获得的额外收益与承担的监管成本，当监管成本这个"门槛"很高时，子公司选择以自身利益最大"得不偿失"；而当"门槛"足够低时，子公司冒险获得的收益高于该部分风险成本，因此将选择牺牲总部利益。因此，国有企业总部在选择其监管策略时，需要衡量监管成本为子公司带来的风险成本，预判子公司的策略，进而做出最能够保障自身利益的监管策略。

3. 参数 s 变化对演化过程与博弈结果的影响分析

将算例 5 中总部将自身收益分配给子公司提成的比例 s 分别向上、向下调整 50%，即令 $s=0.75$，$s=0.5$，与 $s=0.25$，分别对应参数设置高、中、低三种情形，探究参数 s 变化对国有企业内部监管的演化过程与博弈结果的影响，各情境下的仿真结果如图 4-8 所示。

由图 4-8 可知，调整参数 s 的数值并不会对国有企业对子公司监管演化博弈的均衡策略产生影响，即三种参数取值情形下，最终的均衡策略均为"总部不实施监管，但子公司以总部利益最大化为目标"。但随着参数 s 取值的降低，子公司策略选择的演化博弈曲线波动特征呈现明显差别。具体而言，当 $s=0.75$ 时，无论哪种初始概率组合情形下，子公司策略选择的演化博弈曲线的收敛速度都明显快于 $s=0.5$ 的情形，表明子公司能够更快做出以总部利益最大化为目标的策略选择；当 $s=0.25$，当初始概率设置不同时，子公司策略选择的演化博弈曲线的收敛情况与 $s=0.5$ 的情形存在收敛速度和收敛结果两方面的差异。具体而言，当初始概率设置为（0.8，0.8）

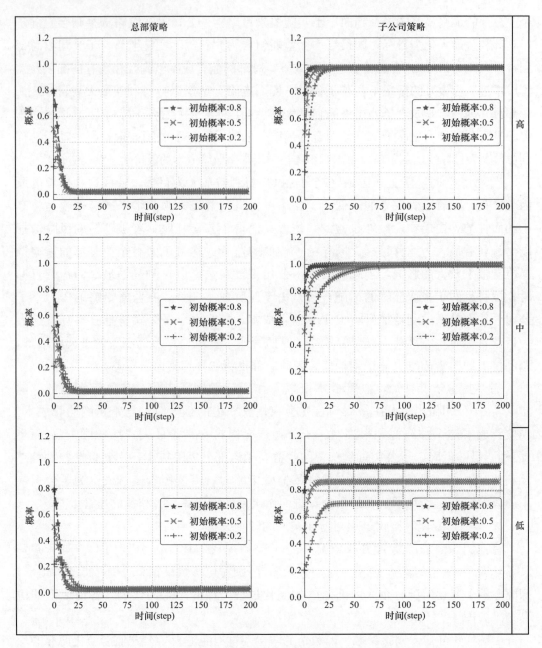

图 4-8 参数 s 变化对演化过程与博弈结果的影响

时，在 $s=0.25$ 的场景下，曲线的收敛速度更慢，反映出子公司做出策略选择的犹豫程度更高。当初始概率设置为（0.5，0.5）与（0.2，0.2）时，$s=0.25$ 的场景下曲线的收敛速度更快，但其收敛结果也更低，即子公司虽然做出了快速反应，但存在"心有不甘"的情况。造成上述曲线波动差异的原因在于，参数 s 的大小直接决定了子公司能够获得的收益水平，当 s 较高时，子公司能够从总部收益中获得的提成更高，服从总部监管意愿带来的稳定收益，比冒着风险获取额外收益的性价比更高，因此子公司会毫不犹豫地选择以总部利益最大化为目标的策略。当 s 取值较低时，子公司获得的收益降低，子公司需要耗费更多的时间判别是否服从总部监管意愿获取稳定收益，或是违背总部意愿谋取额外收益对自己更有利，因此做出决策的犹豫程度提高，或者做出决策的速度减缓，或者即便做出决策也非完全心甘情愿的决策，对应在图 4-8 中即表现为收敛速度减慢或者收敛结果降低。

通过对参数 s 变化对演化过程与博弈结果的影响分析可知，国有企业总部在对子公司监管时，应当科学测定分配给子公司自行决定的利润，在保障总部自身效益的同时，避免对子公司太苛刻导致的子公司违背总部意愿谋取额外收益的行为，从而从根本上降低总部与子公司委托—代理关系中的道德风险问题。

4. 参数 α 变化对演化过程与博弈结果的影响分析

参数 α 为子公司以自身利益最大化为目标时能够获取的额外收益占总部收益的比例，此处将算例 5 中参数 α 的取值分别向上、向下调整 50%，观测 $\alpha=1.5$，$\alpha=1$ 与 $\alpha=0.5$ 三种情形下国有企业内部监管的演化过程与博弈结果的影响，各参数情境下的仿真结果如图 4-9 所示。在 $\alpha=1$ 与 $\alpha=0.5$ 两种情境下，随着动态演化时间的改变，国有企业总部的最终策略选择都趋向于不实施监管策略，子公司最终策略选择则会趋向于以总部利益最大化为目标，即最终的均衡策略组合为"总部不实施监管，但子公司以总部利益最大化为目标"。

存在差异的是，不同概率组合下，α 的变化会导致国有企业总部和子公司做出反应的速率发生改变。以初始概率为（0.2，0.2）为例，在 $\alpha=0.5$ 的场景下，国有企业总部的演化博弈曲线尽管也呈现先上升后下降的形态，表明其在初始阶段会尝试对子公司进行监管，但曲线拐点出现的时间以及拐点对应的概率值的大小均小于 $\alpha=1$ 时的情形，这表明，随着 α 取值的降低，国有企业总部尝试实施监管策略的意愿更弱，且做出决策调整的速度更快。同样，在 $\alpha=0.5$ 的场景下，子公司曲线收敛的速度也明显更快。出现上述区别的原因主要在于，α 的大小直接决定了子公司违背总部监管意愿能够获得的额外收益的大小，当 α 数值较小时，额外收益对子公司的"诱惑"降低，子公司会更快速地做出以总部利益最大化为目标的策略选择，此时，总部感受到子公司的策略选择信号时，也能够快速做出不实施监管策略的反应，以此来避免发生没必要的监管成本。

类似的，当 $\alpha=1.5$ 时，子公司违背总部监管意愿能够获得的额外收益很高，即驱使其冒险的"诱惑"足够大，此时，子公司将会冒着被总部惩罚的风险而选择以自身利益最大化为目标的策略。相应的，总部在感受到子公司可能违背自己的监管意愿时，也将采取实施监管策略的选择，来保障自己的收益不受损害。

基于上述分析可知，额外收益可视为对子公司选择违背总部监管的"诱惑蛋糕"，子公司在做策略选择时会权衡收益与风险损失，因此，当"诱惑"不足时，子公司会认为没有冒风险的必要，而选择以总部收益最大化为目标的策略；但当"诱惑"足够大时，子公司便会做出道德风险的策略选择，不惜损害总部利益，违背总部监管意愿。因此，国有企业对子公司进行监管时，可根据监管事项能够为子公司带来额外收益情况，预测子公司的行为选择，进而做出最适合自己的监管策略。

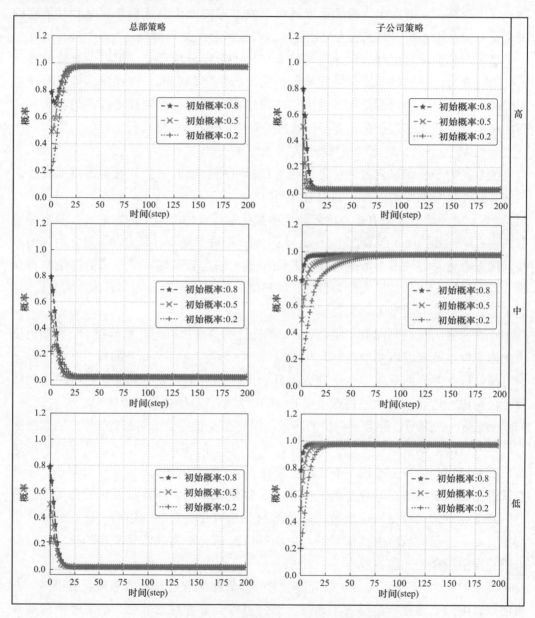

图 4-9　参数 α 变化对演化过程与博弈结果的影响

4.4　国有企业内部监管策略选择的建议

通过本章前述内容的分析可知，当监管模式不同、监管成本不同，以及子公司收益提成、额外收益的诱惑发生变化时，国有企业总部与子公司的策略选择会发生改变。本节内容将基于前文分析的结果，提出国有企业总部对子公司监管策略选择的政策建议，以期在提高总部监管效率的同时，实现整个企业利益的最大化。

（1）国有企业总部应根据不同的监管模式，选择合适的监管策略。根据 4.3.2 中对不同监管模式下演化过程与博弈结果的对比分析可知，当企业选择集权程度较低的财务监管和财务—战略型监管模式时，国有企业总部往往选择实施监管策略，以获取子公司选择以自身利益最大化为目标时的惩罚。随着监管模式的改变，总部集权程度不断提高，国有企业总部越来越倾向于选择不实施监管策略，子公司则倾向于选择以追求总部利益最大化为目标这一策略。因此，国有企业总部在实施集权程度较低的监管模式时，由于下放给子公司足够的自主权，总部应该实施严格的监管策略，加强对子公司道德风险行为的惩罚力度，避免其损害总部利益。相反的，国有企业总部在实施集权程度较高的监管模式时，子公司经营自主权受限，违背总部监管意愿受到的惩罚高昂，往往会自觉遵守总部的监管要求，此时，国有企业总部在监管过程中可以适当减轻对子公司的监管压力，减少成本损耗，保障企业整体经营活力的同时，实现资源的优化配置。

（2）国有企业内部进行监管时，需要控制其监管成本。通过本章 4.3.3 中国有企业总部对子公司监管模式仿真中对监管成本参数的敏感性分析可知，在国有企业总部与子公司对各自监管策略与运营策略的决策过程中，监管成本会影响其最终的策略选择。基于此，一方面，国有企业总部有必要控制其监管成本，针对子公司以自身利益最大为目标的策略选择，要把握监管的核心要素，并选择高效的监管方式，尽可能地降低自身的监管成本。另一方面，考虑国有企业总部监管成本将纳入到对子公司违背总部意愿的惩罚中，进而直接影响子公司的策略选择，因此总部应当科学地设置监管成本门槛，在避免监管成本过高的同时，起到有效抑制子公司做出以自身利益最大为目标的策略选择动机，保障企业效益的最大化。

（3）国有企业总部应判断子公司的额外收益，明确实施监管的重点。由参数 α 变化对演化过程与博弈结果的影响分析可知，子公司违背总部监管意愿获得的额外收益将作为其行为决策的重要诱惑。当额外收益水平足够高时，子公司很可能违背道德风险，选择以自身利益最大化为目标的策略，造成对总部利益的损害。基于此，国有企业总部在对子公司进行监管时，应科学测算不同监管事项可能对子公司带来的额外收益，从而明确监管重点，制定差异化的监管策略。具体而言，针对额外收益较高的事项，应加大监管力度，严格监控子公司是否存在违背总部意愿，谋取额外收益的行为；针对额外收益较小的事项，可以放松监管或者大胆放权，在降低自身监管成本的同时，给予子公司一定的经营活力，此时由于额外收益"诱惑"不足，子公司往往也会选择以总部利益最大化为目标，进而实现总部与子公司经营决策的协同。

（4）国有企业应给予子公司合理的利润，避免道德风险的发生。通过本章 4.3.3 中国有企业内部利润分成比例的敏感性分析可知，利润分成比例对子公司的运营策略选择影响较大，具体表现在，子公司选择服务总部利益最大策略的概率随着利润分成比例的提高而逐渐提升。基于此，一方面国有企业总部需保障自身利益，为企业整体的运转留足利润空间。另一方面，为了提升子公司为总部创造价值的热情，总部也需要保障子公司的合理利润，避免"想要马儿跑，又不给马儿吃草"的情况发生，当子公司自身得到的利润较高时，其发生道德风险的概率将会有效降低，从而实现"子公司甘心为总部创造利益、总部有效降低监管成本"的良性循环。

第 5 章

国有企业内部决策权配置研究

国有企业总部与子公司内部都设有多个管理层级，在总部选择对子公司实施监管策略后，不同监管模式、不同监管事项的决策权配置情况将直接影响总部对子公司的监管成本与各项业务的决策效率。基于此，本章进一步聚焦于监管过程中总部与子公司的决策权配置问题，通过分析影响企业决策权配置的成本因素，构建了基于决策成本最优的 J-M 决策权配置模型，并通过进行"同一监管模式不同监管事项"与"不同监管模式同一监管事项"的算例仿真，验证了模型的有效性，并挖掘了影响决策权配置的关键因素，从而为国有企业总部科学设置监管事项的决策权配置层级提供科学的方法支撑。

5.1 国有企业内部决策权配置成本分析

本节内容对国有企业总部与子公司决策权配置过程中的信息成本、代理成本与时间成本进行了分析，明确了不同成本与决策权配置层、决策链条长度间的相关关系，从而为后续建立决策权配置模型奠定基础。

5.1.1 决策权配置的信息成本分析

组织决策授权理论认为，人类的表达能力、理解能力具有局限性，因此，信息在不同个体间传递时会存在信息损耗现象，影响信息的准确性与全面性，且随着信息知识复杂度的增加与传递链条的延伸，信息损耗、失真现象也会愈加严重。经济学理论认为信息的获取和传递过程并不是无偿的，信息从信息源传递到决策需要产生一定的费用。随着现代社会信息化程度的快速提升，企业经营决策需要考虑的信息量巨大，信息成本成为影响企业决策权配置的重要因素。本书中决策权配置的信息成本主要是指决策所需的企业竞争环境、政策条件与可调配资源等信息由信息源传递给决策者的过程中产生的信息获取成本与传递成本。其中，信息传递成本则主要是指信息传递过程中导致决策者无法获取全面、准确的决策信息的信息失真成本。

国有企业决策过程中往往面临错综复杂的信息网络，信息源可能位于国有企业总部或者子公司内部的各级管理层，如子公司的业务部门经理层往往比子公司经理层、总部管理层更了解市场环境、客户需求等信息，而总部经理层与子公司经理层则更清楚宏观政策导向、企业内外资源等信息。相应的，企业信息传递过程包括自上而下传递和自下而上传递两种方式，信息传递成本的高低会受到信息复杂性与决策链条长度两方面的影响。一方面，相对简洁的、便于理解的信息，信息传递成本较低，而复杂的专业知识、综合化的信息集合、巨大的信息量将耗费信息传递者更多的精力，传递的精确性、全面性也难以保障，信息传递成本往往也比较高；另一方面，传递链条越长、传递环节越多、到达决策者的时间越长，将会不可避免的导致信息的衰减与失真，信息传递成本也相对较高。

5.1.2　决策权配置的代理成本分析

如本书第 4 章所述，随着现代企业制度不断完善，国有企业所有权和经营权进一步分离，企业实际经营权归子公司所有，总部与子公司之间形成了典型的委托代理关系。委托代理理论认为，由于企业资产所有者与企业实际经营者之间存在目标差异，经营者可能利用信息不对称优势与业务决策权力实现自身利益的最大化，导致企业资产所有者的权益受损。相应的，企业资产所有者将对企业经营者采取监督、激励等措施，以有效抑制企业经营者损害自身利益的风险行为。代理成本即委托人为防止代理人损害自身利益，通过严密的契约合同或监管手段形成对代理人的约束所产生的费用。

Jensen 和 Meckling 认为，企业决策权配置的代理成本主要包括监督成本、担保成本以及剩余损失[108]。其中，监督成本是指委托人通过激励型手段或者管控型手段对代理人形成行为约束，使得代理人减少对委托人利益的损害并与委托人保持目标一致而产生的费用。担保成本是指代理人向委托人做出担保，不采取损害委托人利益的行为或者对损害代理人行为做出赔偿的行为而产生的费用。剩余损失是指由于代理人并未按照原定最优策略采取相应行为导致委托人剩余价值的损失，即委托人因最优契约可能存在的机会成本。

在国有企业内部监管的过程中，决策权在不同管理层级之间的逐级委派形成了一条纵向的委托—代理链。委托—代理链的长短由国有企业内部集权程度决定，并与代理成本间存在正相关关系。集权程度越高表示企业的决策权归于更高级的管理层，因此委托—代理链条越短，代理成本也越低。相反，集权程度越低，表明决策权配置点越靠近基层，委托—代理链条越长，代理成本也随之上升。

5.1.3　决策权配置的时间成本分析

随着市场变化节奏不断加快，竞争程度日益激烈，企业决策时间直接决定了企业应对外部环境的灵活性与抢占市场的先机性。Jensen 和 Meckling 认为决策权配置的时间成本是指由于决策信息传递不及时，以及决策制定犹豫而导致决策执行延迟、缓慢所产生的机会成本，主要包括信息处理时间成本、信息传递时间成本及决策制定时间成本[109]。

其中，信息处理时间成本主要由信息量和信息处理方式决定，企业针对某一事项做决策时，往往假设信息传递过程中信息量保持不变，信息处理方式却可能随着信息处理层级的不同发生变化。信息传递时间成本主要由信息传递方式与信息传递链条长度决定。且随着当前企业智能化、数字化水平的不断提升，信息收集、处理、传递的方式主要以互联网线上传递为主，传递效率较高，且不同管理层级之间信息传递的时间基本不存在差异。信息传递时间成本与信息传递链条长度间成正相关关系，信息传递链条越长，信息的滞后性越高，将导致基层员工无法做出快速、灵活的业务行动，丧失市场机会，并产生较高的时间成本。决策制定时间成本则由做出决策本身消耗的时间决定，即当决策者接受决策所需信息后，经过思考做出决策所需要的时间，取决于事项的重要性、决策者的决策风格等因素。

综上所述，影响国有企业总部与子公司决策权配置的成本主要包括信息成本、代理成本与时间成本。且信息成本与代理成本反映了决策的科学性与合理性，时间成本反映了决策的时效性。国有企业应根据自身组织架构、对子公司的监管模式特征，针对不同的决策事项，科学确定合适的决策权配置点，保障决策成本的综合最优。

5.2　国有企业内部决策权配置优化模型构建

如前文所述，决策权的配置应以能够实现综合成本最小为目标，本节内容分析了信息成本、代理成本与时间成本的成本函数，并在此基础上构建国有企业总部与子公司决策权配置的 J-M 模型。

5.2.1　决策权配置成本函数的分析

1. 决策权配置的信息成本函数

如本章 5.1.1 所述，在企业决策过程中，信息成本包括信息获取成本与信息传递成本两部分。其中，信息获取成本不会随着信息决策权配置点的变化与信息传递链条长度的变化而改变，因此，在决策权配置过程中可视为常数。信息传递成本与传递链条长度、信息失真系数呈现正相关关系，信息传递链条越长，信息失真系数越大，则信息传递成本越高，且信息传递包括自下而上传递与自上而下传递两种方式。

基于此，本书假设国有企业总部与子公司之间一共有 n 级管理层参与决策权配置，决策权配置点为 m，$1 \leqslant m \leqslant n$。信息获取成本为 C_0^I，且各个相邻管理层级之间不存在信息量损失情况，即传递的信息量均为 Q，单位信息量的传递成本为 C_1^I，相邻管理层级间信息的失真系数为 μ，$0 \leqslant \mu \leqslant 1$。则企业决策权配置的信息成本函数可表示为：

$$C_I(m) = C_0^I + 2QC_1^I[1 + (1-\mu) + \cdots + (1-\mu)^{n-(m+1)}]$$

$$= C_0^I + 2QC_1^I[1 - (1-\mu)^{n-m}] \tag{5-1}$$

根据式（5-1）可知，信息传递链条越长，信息失真问题会被逐级放大。且企业决策权配置的信息成本为决策权配置点 m 的单调递减函数，决策权配置点 m 越大，分权程度越高，信息成本越低。当 $m=1$ 时，企业的集权程度最大，信息成本达到最大值 $C_I(m)_{\max}$；当 $m=n$ 时，企业分权程度最大，信息成本达到最小值 $C_I(m)_{\min}$：

$$C_I(m)_{\max} = C_0^I + 2QC_1^I[1 - (1-\mu)^{n-1}] \tag{5-2}$$

$$C_I(m)_{\min} = C_0^I \tag{5-3}$$

2. 决策权配置的代理成本函数

代理成本与委托—代理链的长度成正相关，即当 $m=1$ 时，决策权配置点位于最高层，委托—代理链条处于极端情形，代理成本也为最小值 0。假设，当 $m=2$ 时，第 1、2 层之间决策权配置的初始代理成本为 C_0^A，且随着决策权配置层级的下降，相邻管理层级之间的代理成本按照相同速率下降，且下降系数为 δ，即当 $m=3$ 时，委托代理成本为 $C_0^A(1-\delta)$，$m=4$ 时，委托代理成本为 $C_0^A(1-\delta)^2$，以此类推，国有企业与子公司决策权配置的代理成本可表示为：

$$C_A(m) = C_0^A + C_0^A(1-\delta) + \cdots + C_0^A(1-\delta)^{m-2} = C_0^A \frac{[1-(1-\delta)^{m-1}]}{\delta} \tag{5-4}$$

根据式（5-4）可得，决策权配置的代理成本为决策权配置点 m 的单调递增函数，当 $m=n$ 时，代理成本达到最大值：

$$C_A(m)_{\max} = C_0^A \frac{[1-(1-\delta)^{n-1}]}{\delta} \tag{5-5}$$

3. 决策权配置的时间成本函数

假设基层员工的信息处理时间为 t_0，且相邻管理层级间信息处理时间变化系数为 θ，由于不同环节信息处理时间和其与基层员工的距离间的关联关系不确定，θ 的取值范围为 $-1 \leqslant \theta$。即，当 $-1 \leqslant \theta < 0$ 时，不同环节信息处理等待时间随着与基层员工的距离增加而减少；当 $\theta = 0$ 时，表明不同环节的信息处理等待时间相等；当 $\theta > 0$ 时，表明不同环节信息处理等待时间随着与基层员工的距离增加而增加。此外，信息在不同层级间传递时间为 t_1，且相邻层级间信息传递时间保持不变，决策权配置层做出决策的时间为 t_2，且企业决策过程中时间成本是时间的线性关系，单位时间的成本为 C_0^T。企业决策权配置的时间成本 $C_T(m)$ 为信息处理时间成本、信息传递时间成本与决策制定时间成本之和，可表示为：

$$C_T(m) = C_0^T t_0[1 + (1+\theta) + \cdots + (1+\theta)^{n-m}] + 2C_0^T t_1(n-m) + C_0^T t_2$$

$$= C_0^T t_0 \left[\frac{[(1+\theta)^{n-m+1} - 1]}{\theta} \right] + 2C_0^T t_1(n-m) + C_0^T t_2 \tag{5-6}$$

根据式（5-6）可得，决策权配置的时间成本为决策权配置点 m 的单调递减函数，当 $m=1$ 时，企业的集权程度最大，时间成本达到最大值 $C_T(m)_{\max}$；当 $m=n$ 时，企业分权程度最大，没有信息传递时间成本，决策权配置的时间成本达到最小值 $C_T(m)_{\min}$：

$$C_T(m)_{\max}=C_0^T t_0 \frac{\left[(1+\theta)^n-1\right]}{\theta}+C_0^T t_1 n+C_0^T t_2 \tag{5-7}$$

$$C_T(m)_{\min}=C_0^T t_0++C_0^T t_2 \tag{5-8}$$

5.2.2　改进的 J-M 决策权配置模型构建

由决策权配置的成本函数分析可知，决策权配置的信息成本与时间成本随着决策权配置点 m 的增加而降低，即分权程度越高，成本越低。而决策权配置的代理成本则相反，其随着决策权配置点 m 的增加而上升，即集权程度越高，成本越低。而决策权配置最优需要实现决策成本 $C(m)$ 最优，即信息成本、代理成本与时间成本之和最小，因此本书结合优化决策理论，在传统 J-M 决策权配置模型的基础上增加时间成本，构建了改进的 J-M 决策权配置模型，可表示为：

$$C(m)_{\min}=C_I(m)+C_A(m)+C_T(m)=C_0^I+2QC_1^I\left[1-(1-\mu)^{n-m}\right]+$$
$$C_0^A\frac{\left[1-(1-\delta)^{m-1}\right]}{\delta}+C_0^T t_0\frac{\left[(1+\theta)^{n-m+1}-1\right]}{\theta}+$$
$$C_0^T t_1(n-m)+C_0^T t_2 \tag{5-9}$$

$s.t.$

$$n>1 \tag{5-10}$$
$$1\leqslant m\leqslant n \tag{5-11}$$
$$Q\geqslant 0 \tag{5-12}$$
$$C_0^I,C_1^I,C_0^A,C_0^T\geqslant 0 \tag{5-13}$$
$$0\leqslant\mu,\delta\leqslant 1 \tag{5-14}$$
$$\theta\geqslant-1 \tag{5-15}$$

式（5-9）中，影响国有企业总部与子公司决策成本 $C(m)$ 的变量为决策权配置层 m，本书假设决策权配置点 m 连续，且 m 服从 $1\leqslant m\leqslant n$ 的约束，因此，$C(m)$ 一定存在最小值 $C(m)_{\min}$，m 存在最优解 m^*。此外，信息量 Q、信息获取成本 C_0^I、单位信息量的传递成本 C_1^I、初始代理成本 C_0^A、基层员工的信息处理时间 t_0、信息传递时间 t_1、决策时间 t_2 以及单位时间的成本 C_0^T 均为常量；国有企业总部和子公司的管理层级 n、信息的失真系数 μ、代理成本下降系数 δ、信息处理时间变化系数 θ 均为参数，常量与参数的大小可能会对模型求解结果产生影响。

基于本书第三章的分析，国有企业总部和子公司之间不同的监管模式集权程度不同，监管内容也存在差异，相应地，不同事项的决策权可能配置在总部或者子公司的不同管理层。且由于 J-M 模型存在最优解，因此国有企业总部和子公司间一定存在一个层级能够实现决策效率的最大化（决策成本最低），即为最优决策点 m^*。

5.2.3　J-M 决策权配置模型的求解方法

根据式（5-9）可知，J-M 决策权配置模型的目标函数为非线性，为了求解该非线性规划问题，本书引入鲸鱼优化算法（WOA）。鲸鱼优化算法是根据座头鲸围捕猎物的行为而提出的一种仿生算法。鲸鱼作为一种群居型哺乳动物，在捕猎时往往会采用相互合作的方式对猎物进行驱赶和围捕。鲸鱼优化算法中，每只鲸鱼代表了一个可行解，且其只有包围猎物和驱赶猎物两种行为方式[109]。鲸鱼优化算的基本流程主要包括包围猎物、螺旋收缩和猎物搜索三个阶段。

1. 包围猎物阶段

假设最优备选解为猎物，在确定猎物位置后，其余鲸鱼都会向最佳备选解的方向移动，并更新位置。

$$D = |CX_{\text{best}}(i) - X(i)| \tag{5-16}$$

$$X(i+1) = X_{\text{best}}(i) - A \times D \tag{5-17}$$

式中：i 为迭代次数；$X(i)$ 为其余鲸鱼的位置向量；$X_{\text{best}}(i)$ 为最优备选解的位置向量；A，C，D 为相关系数向量，且 A，C 的表达式如下：

$$A = 2ar_1 - a \tag{5-18}$$

$$C = 2ar_2 \tag{5-19}$$

$$a = 2 - 2i/I_{\max} \tag{5-20}$$

式中：r_1、r_2 为（0，1）之间的随机数；a 为收敛因子，且在（0，2）之间线性递减；$I_{\max}$ 为最大迭代次数。

2. 螺旋收缩阶段

鲸鱼以螺旋上升且不断收缩包围的方式围捕猎物，该方式通过计算搜索其余个体位置与最优备选解之间的距离，然后建立一个螺旋公式模拟螺旋收缩的过程：

$$X(i+1) = \begin{cases} X_{\text{best}}(i) - A \times D, & p < 0.5 \\ X_{\text{best}}(i) + D_p e^{bl}\cos(2\pi l), & p \geqslant 0.5 \end{cases} \tag{5-21}$$

$$D_p = |X_{\text{best}}(i) - X(i)| \tag{5-22}$$

式中：D_p 为猎物与鲸鱼的位移向量；p 为（0，1）之间的随机数，表示鲸鱼的行为选择概率，$p < 0.5$ 时执行收缩包围策略，$p \geqslant 0.5$ 时执行螺旋上升策略；常数 b 用来定义螺旋形状；l 是 [−1，1] 间的随机数，且当 $l = -1$ 时，鲸鱼离猎物最近[110]。

3. 猎物搜索阶段

在捕食的过程中，当鲸鱼在收缩圈之外时，其可能会根据彼此的位置随机游动，以便找到更好的猎物，这种随机游动过程代表着鲸鱼的全局最优搜索：

$$D' = |CX_{rand}(i) - X(i)| \tag{5-23}$$

$$X(i+1) = X_{rand}(i) - A \times D \tag{5-24}$$

式中：$|A| > 1$ 时才会进行搜索猎物；$X_{rand}(i)$ 为随机选取的目标个体位置。

5.3　国有企业内部决策权配置算例仿真分析

在构建了国有企业总部与子公司决策权配置模型的基础上，本节内容拟针对第三章分析的不同监管模式、不同监管内容设计算例进行仿真，从而验证本书构建的 J-M 决策权配置模型的有效性，并通过仿真结果的对比，进一步分析不同监管模式下国有企业内部监管的集权程度差异。

5.3.1　总部与子公司间决策权配置算例的设计

1. 国有企业总部与子公司管理层级设置

随着新一轮国有企业改革的推动，国有企业一方面需要建立现代化的企业制度，完善包含股东大会、董事会、监事会、经理层的治理结构；另一方面要加强国有企业党的领导，发挥企业党组织的领导核心和政治核心作用，保证党和国家方针政策、重大部署在国有企业贯彻执行。结合国有企业内部的监管模式与监管内容，本书将参与决策权配置的国有企业总部与子公司的管理层级设置为总部党组、总部董事会、总部经理层、总部部门经理层、子公司党组、子公司董事会、子公司经理层、子公司部门经理层 8 个层级。

其中，总部党组与子公司党组分别具有对涉及党中央政策方针、总部及各子公司重要人事任免的决策权，企业总部及各子公司重大经营管理事项的把关权，以及对总部和子公司违法违纪行为的监督权。总部董事会与子公司董事会是企业内部经营类事项的最高决策层，可依法行使对总部及子公司经理层人员的任免权、考核权，并制定国有企业总部与子公司的经营规划，投资方案，财务预算、决算方案等。此外，总部董事会还具有对子公司的重大事项的审议、决策权。总部经理层和子公司经理层则分别负责总部和子公司的生产经营的管理工作，并享有日常业务的决策权，以及董事会授权事项的决策和经营权，具体包括制定公司规章制度、任免下级管理人员等。并且总部经理层还可对子公司的生产经营进行监管与审议。总部部门经理层和子公司部门经理层则负责本部门的业务开展事项，其中，子公司部门经理层在本书的决策权配置过程中，属于距离基层员工最近的管理层。

需要注意的是，国有企业内部的决策权配置过程中并非都包含上述 8 个管理层级，根据国有企业内部监管模式的不同，其管理层级会存在差异。此外，根据决策事项的不同，在国有企业总部和子公司内，党组和董事会的管理层级可以调整，如党建工作方面的重大事项决策，党组应属于最高管理层；公司业务经营事项的决策，董事会为最高管理层。

2. 基于不同监管模式的决策权配置算例的设置

为了更加清晰地揭示不同监管模式、不同决策事项对国有企业总部与子公司决策权配置结果的影响。本节根据第三章分析的不同监管模式及其相应的监管内容，拟从"同一监管模式不同监管事项"与"不同监管模式同一监管事项"两个维度出发，设置本书决策权配置的算例。

算例1：运营型监管模式下子公司财务预算方案制定事项的决策；

算例2：运营型监管模式下子公司战略规划方案制定事项的决策；

算例3：运营型监管模式下子公司主营业务重大投资事项的决策；

算例4：运营型监管模式下子公司核心技术人员任免事项的决策；

算例5：运营型监管模式下子公司内部机构设置调整事项的决策；

算例6：财务型监管模式下子公司财务预算方案制定事项的决策；

算例7：财务—战略型监管模式下子公司财务预算方案制定事项的决策；

算例8：战略型监管模式下子公司财务预算方案制定事项的决策；

算例9：战略—运营型监管模式下子公司财务预算方案制定事项的决策。

由上述9个算例的介绍可知，算例1～算例5分别为运营型监管模式下，不同决策事项的算例；算例1与算例6～算例9则反映在五种监管模式下财务预算方案制定这一事项的决策权配置。

3. 不同算例中相关参数以及常量的数值设置

结合上述9个案例中国有企业内部的监管模式与监管事项的不同，本节进一步对其参数进行了差异化设置。各案例的参数设置情况如表5-1所示：

表 5-1　　　　　　国有企业内部决策权配置的算例参数设置

算例	管理层级	信息成本参数				代理成本参数		时间成本参数				
	n	Q	C_0^I	C_1^I	μ	C_0^A	δ	C_0^T	t_0	t_1	t_2	θ
算例1	8	20	10000	1000	0.10	300000	0.02	12000	4	0.5	2.0	0.50
算例2	8	30	15000	1000	0.10	500000	0.02	12000	6	0.5	3.0	0.30
算例3	8	25	12500	1000	0.10	400000	0.02	12000	5	0.5	2.5	0.40
算例4	8	16	8000	1000	0.10	100000	0.02	12000	3.2	0.5	1.6	0.50
算例5	8	18	9000	1000	0.10	200000	0.02	12000	3.6	0.5	1.8	0.50
算例6	6	20	10000	1000	0.10	300000	0.02	12000	4	0.5	2.0	0.30
算例7	6	20	10000	1000	0.10	300000	0.02	12000	4	0.5	2.0	0.35
算例8	6	20	10000	1000	0.10	300000	0.02	12000	4	0.5	2.0	0.40
算例9	8	20	10000	1000	0.10	300000	0.02	12000	4	0.5	2.0	0.45

由表5-1所示，算例1～算例5均属于运营型监管模式，其集权程度较高，且往往采用垂直型管理的组织架构，管理层级较多，均为8层。相比于运营型监管模式，其

他监管模式的集权程度较低，参与决策权配置的管理层级也较少，管理层级均为 6 层。

假设财务预算方案制定事项的决策所需信息量为 20 比特，与之相比，调整内部机构设置、核心技术人员任免事项决策所需的信息量会较低，分别为 18 比特和 16 比特。战略规划方案制定、主营业务重大投资事项决策需要考虑企业内外部环境、企业经济条件等多方因素，所需的信息量较高，分别为 30 比特和 25 比特。信息获取成本、基层员工信息处理时间、决策时间与信息量成正比关系。初始代理成本、相邻管理层级的信息处理时间变化系数与决策事项的重要性相关，如战略规划方案制定的代理成本最高，相邻层级信息传递时间增加最少。本书假设单位信息失真的成本均为 1000 元/比特，信息失真系数均为 0.1，相邻层级间代理成本降低系数均为 0.02，单位时间成本均为 15000 元/比特。考虑到当前信息处理、传递方式的自动化、智能化水平较高，且基层员工只负责信息的整理工作，因此本书假设不同算例中相邻管理层间的信息传递时间不存在差异，均为 0.5 小时。此外，假设决策权配置点 m 在 $[1, n]$ 内连续，最优决策层为距离最优决策点 m^* 最近的管理层级（四舍五入取整）。本章算例仿真均使用 Matlab R2018b 软件实现。

5.3.2　不同算例设置的决策权配置结果的对比

1. 同一监管模式下不同监管事项决策权配置结果对比

基于表 5-1 的参数设置，对算例 1～算例 5 进行了仿真计算，计算结果如表 5-2 所示：

表 5-2　　　　　　　　　　算例 1～算例 5 的仿真计算结果

算例	算例 1	算例 2	算例 3	算例 4	算例 5
最优决策点 m^*	4.23	1.17	3.03	6.7	5.05
决策成本 $C(m)$	1416000	1145400	1432300	475540	937190

根据表 5-2 中计算求得的最优决策点 m^* 的值，可进一步判断在运营型监管模式下，不同决策事项的最优决策层，如图 5-1 所示：

通过对比算例 1～算例 5 的计算结果可知，在运营型监管模式下，子公司财务预算方案制定权由总部财务部门经理决策审批时，决策成本最低，子公司战略规划方案制定应由总部党组进行决策审批，子公司主营业务重大投资事项的决策应上报总部经理层审批决定，子公司核心技术人员的任免则可由子公司经理层进行自主决策，子公司内部机构设置调整的事项则应由子公司党组讨论决定。子公司核心技术人员任免、内部机构设置调整、财务预算方案制定、主营业务重大投资、战略规划方案制定 5 个决策事项对子公司甚至企业总部经营发展的重要性逐步上升，进行决策所需的信息量也依次增加，因此，其最优决策点 m^* 逐渐减小，决策的集权程度逐步提升，最优决策权配置层级也逐步提高。算例 1～算例 5 的计算结果符合公司治理的常规认知，因此，在同一监管模式不同监管事项的情境下，本书构建的 J-M 模型的有效性得到了验证。

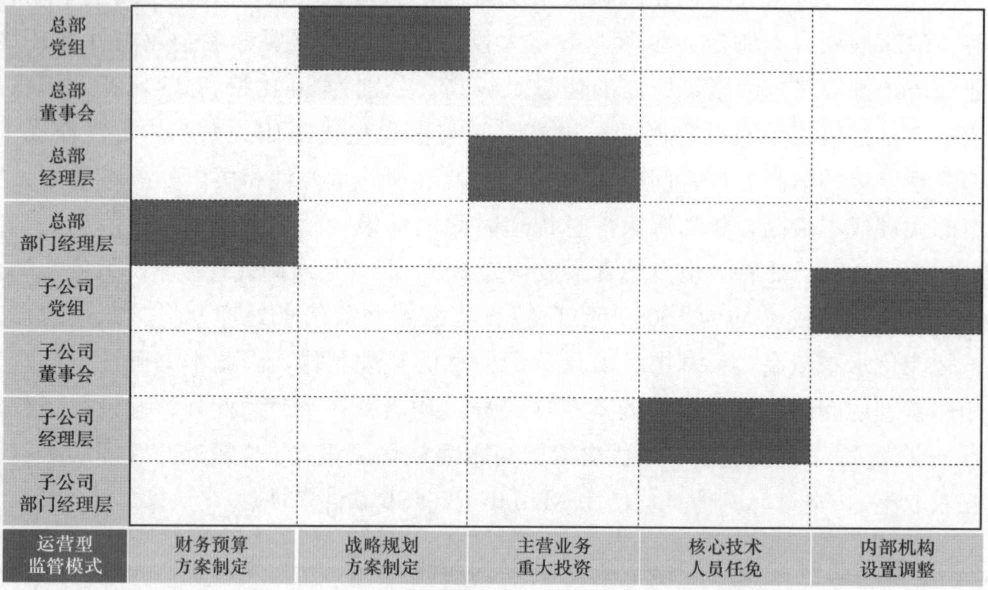

	财务预算方案制定	战略规划方案制定	主营业务重大投资	核心技术人员任免	内部机构设置调整
总部党组		■			
总部董事会					
总部经理层			■		
总部部门经理层	■				
子公司党组					■
子公司董事会					
子公司经理层				■	
子公司部门经理层					

图 5-1　运营型监管模式下不同决策事项的最优决策层

此外，根据模型求解的决策成本可知，总体而言，决策成本与决策事项的重要性及信息量成正相关关系，信息量越大决策成本越高。同时，存在算例 2 中对子公司战略规划方案制定事项的决策所需信息量最大，初始代理成本也最高，但决策成本反而小于算例 1 和算例 3 的情况。该情况表明，决策权的配置结果对公司决策成本能够产生重要影响，当决策合理时，能够在一定程度上降低公司的经营成本，企业应当采用科学方法对最优决策权配置点进行测算，从而挖掘企业效能提升的空间。

2. 不同监管模式下同一监管事项决策权配置结果对比

本部分以财务预算方案制定这一决策事项入手，结合表 5-1 中算例 6～算例 9 的参数设置，对不同监管模式下该事项的决策权进行了仿真计算，计算结果如表 5-3 所示。

表 5-3　　　　　　　　　　算例 1 及算例 6～算例 9 的仿真计算结果

算例	算例 1	算例 6	算例 7	算例 8	算例 9
最优决策点 m^*	4.23	1.00	1.79	2.56	3.16
决策成本 C（m）	1416000	649400	861590	1018400	1138100

根据表 5-3 中计算求得的最优决策点 m^* 的值，可进一步判断在不同监管模式下，子公司财务预算方案制定这一事项的最优决策层，如图 5-2 所示：

首先需要说明的是，图 5-2 中的管理层级设置与图 5-1 相比存在差别，即总部党

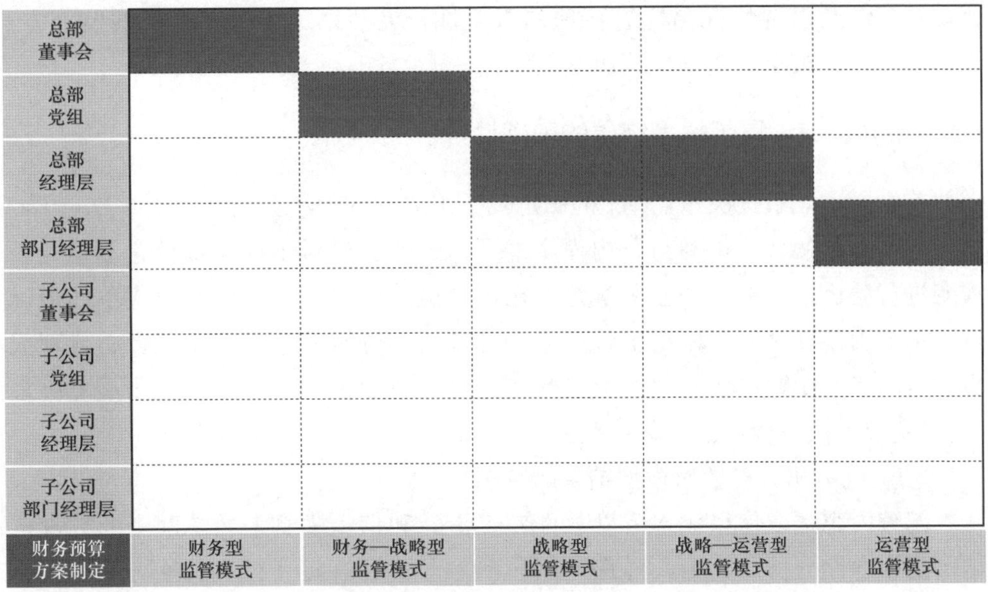

财务预算方案制定	财务型监管模式	财务—战略型监管模式	战略型监管模式	战略—运营型监管模式	运营型监管模式
总部董事会					
总部党组					
总部经理层					
总部部门经理层					
子公司董事会					
子公司党组					
子公司经理层					
子公司部门经理层					

图 5-2　不同监管模式下财务预算方案制定的最优决策层

组与总部董事会之间，子公司党组与子公司董事会之间的位置顺序进行了调整。进行该调整的原因是国有企业党组主要负责对国家政策的落实、企业内重大事项的决策与把关，在图 5-1 中，子公司战略规划方案制定事项属于企业内重大事项决策，因此党组应是最高决策层。而图 5-2 中是针对财务预算方案制定事项的决策，属于公司日常经营业务，因此党组只有把关权与监督权，最高决策层应为公司董事会。

其次，在财务型监管模式下，子公司财务预算方案制定的决策权应交由总部董事会审议确定。由于在财务型监管模式下，总部和子公司间仅以财务情况作为纽带，因此，子公司财务预算方案的制定成为总部对子公司监管的重要抓手，对总部和子公司的重要性极高，需交由最高决策层进行决策。与之相比，运营型监管模式下，总部对子公司生产经营各方面都要进行监管，财务预算方案制定的重要性有所下降，加之总部较高的管理层监管精力有限，因此可交由总部财务部门经理审议决定。在财务—战略型监管模式、战略型监管模式与战略—运营型监管模式下，子公司财务预算方案制定对总部监管的相对重要性逐渐降低，因此最优决策层配置也存在差异，财务—战略型监管模式下最优决策层在总部党组，而战略型和战略—运营型监管模式的最优决策层在总部经理层。

此外，根据表 5-3 中的决策成本计算结果可知，针对财务预算方案制定这一事项，决策成本与最优决策点之间呈现正相关关系，最优决策点越大，分权程度越高，决策成本越高。其主要原因是在不同监管模式下，相邻环节间信息处理时间变化系数为 θ 的取值存在差异，集权程度高的监管模式，管理层级越高需要决策的事项越多，因此其信息处理时间越高。因此，总部对子公司的财务工作进行监管时，可针对公司管理层及设置情况与决策事项的重要性，灵活采用集权与分权的监管方式，科学制定最优决策点，实现决策成本最优。

5.3.3 不同参数设置下模型结果的敏感性分析

如前文所述，最优决策点 m^* 的确定及决策成本的大小会受到多个参数变化的影响，且各个参数的影响机理与影响程度不同，因此通过对不同参数设置下模型结果的演变进行分析，有助于企业科学判定在不同监管事项、不同监管模式下的最优决策点。本节内容在算例 1 模型求解结果的基础上，分别从信息成本函数、代理成本函数、时间成本函数中各选取 2 个参数，并对参数数值进行调整，观测最优决策点 m^* 的确定以及决策成本的变化情况。

1. 信息成本相关参数对模型结果的影响

本部分内容选取信息成本函数中的信息量 Q 和信息失真系数 μ 两个参数进行模型结果的敏感性分析。其中，将算例 1 中信息量 Q 的值向上、向下各调整 50%，观测 Q 在区间 $[10, 30]$ 范围内变化时最优决策点和决策成本的变化情况。针对信息失真系数 μ 则观测其在区间 $[0.05, 0.40]$ 范围内变化时最优决策点和决策成本的变化情况。通过计算 125 组数据，模拟得到了信息量 Q、失真系数 μ、最优决策点 m^* 以及决策成本 $C(m)$ 的演变关系，结果如图 5-3 与图 5-4 所示。

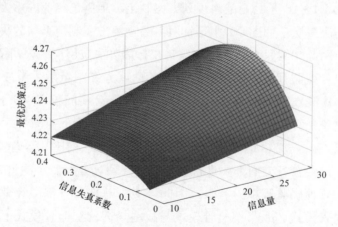

图 5-3 信息成本参数对最优决策点的影响

由图 5-3 可知，运营型监管模式下，企业对财务预算方案制定的最优决策点 m^* 与信息量 Q 呈现单调递增关系，随着信息量的增加最优决策点逐步上升，对财务预算方案制定事项进行决策的分权程度增加。该现象的原因主要在于当其他参数一定时，信息量增加一定会导致信息成本的上升，信息成本对总体决策成本的影响程度增加，此时 J-M 模型求解时，会优先降级信息成本。而信息成本与决策权配置点 m 呈现单调递减关系，信息成本下降会导致决策权配置点 m 上升，最终导致最优决策点 m^* 与信息量 Q 呈现单调递增关系。而最优决策点 m^* 却随着信息失真系数 μ 的增

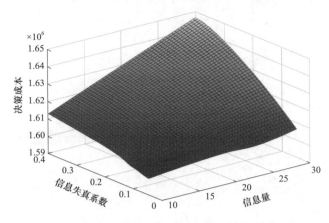

图 5-4　信息成本参数对决策成本的影响

加呈现先增后减的倒 U 形关系，即在信息量不变的情况下，当信息失真系数增加时，企业对财务预算方案制定事项的决策呈现先分权再集权的变化情况。在实际计算过程中显示，控制信息量不变，当信息失真系数取值约为 0.225 时，最优决策点往往达到最大值，决策分权程度最高。

由图 5-4 可知，企业对财务预算方案制定的决策成本与信息失真系数、信息量均呈现正相关关系，即决策成本随着信息量及信息失真系数的增加而上升。且当信息量一定时，决策成本随信息失真系数增加的上升速率减缓，而决策成本随信息量的变化情况却没有明显规律。因此导致了途中左下角曲面畸形的情况发生。

此外，当代理成本、时间成本保持不变时，在"控制信息量一定，调整信息失真系数"以及"控制信息失真系数一定，调整信息量"两种情况下，企业决策成本均会随着最优决策点的增加而上升。即分权将带来信息成本的上升，进而导致决策成本上升。在此情况下，国有企业总部与子公司应注意实施扁平化的监管组织架构，将决策权向上集中以降低企业的监管成本。

2. 代理成本相关参数对模型结果的影响

本部分内容选取代理成本函数中的初始代理成本 C_0^A 和代理成本降低系数 δ 两个参数进行模型结果的敏感性分析。其中，将初始代理成本 C_0^A 在区间 [200000，400000] 范围内进行调整，代理成本降低系数 δ 在区间 [0.01，0.07] 范围内进行调整。同样的，本部分也计算了 125 组数据，并得到初始代理成本 C_0^A、代理成本降低系数 δ、最优决策点 m^* 以及决策成本 $C(m)$ 的演变关系，如图 5-5 与图 5-6 所示。

由图 5-5 可得，运营型监管模式下，企业对财务预算方案制定的最优决策点 m^* 与初始代理成本 C_0^A 呈现单调递减关系，即初始代理成本越高，最优决策点越小，企业的集权程度越高。而最优决策点 m^* 与代理成本降低系数 δ 呈现单调递增关系，即代理成本降低系数越大，最优决策点越大，企业分权程度越高。其主要原因在于，当控制信息成本与时间成本一定时，如本章 5.2.1 中所述，代理成本与企业决策权

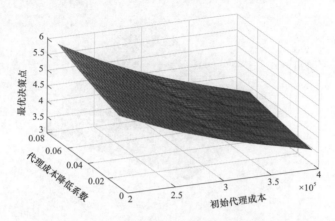

图 5-5　代理成本参数对最优决策点的影响

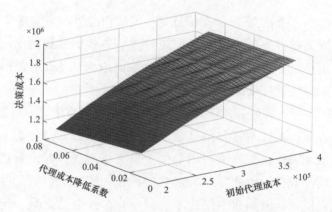

图 5-6　代理成本参数对决策成本的影响

配置点 m 呈现单调递增关系。控制其他参数不变，初始代理成本越高，总体决策的代理成本也越高，企业决策权配置点 m 也会随之上升。而 J-M 模型旨在寻求信息成本、时间成本、代理成本的最小值，因此，当初始代理成本上升时，模型将通过降低决策权配置点 m 的方式来降低代理成本，导致最优决策点 m^* 与初始代理成本 C_0^A 呈现单调递减关系。类似的，控制其他参数不变，当代理成本降低系数增加时，企业决策的总体代理成本也会随之下降，代理成本对系统总体成本的影响将减弱，此时，J-M 模型将通过增大策权配置点 m 来调控信息成本与时间成本，实现总体决策成本最优，因此，最优决策点 m^* 与代理成本降低系数 δ 呈现单调递增关系。

由图 5-6 可得，运营型监管模式下，企业对财务预算方案制定的决策成本与初始代理成本呈现正相关关系，而与代理成本降低系数呈现负相关关系。其原因与上文相似，初始代理成本的上升与代理成本系数的降低都必然会抬高总体代理成本导致决策成本上升。进一步分析可知，当代理成本降低系数不变时，决策成本随初始代理成本增加而上升的速度减慢，表现为曲面斜率随着初始代理成本增加而减小。相反的，当初始代理成本不变时，决策成本随着代理成本降低系数的增加而下降的速度加快，表现为曲面斜率随着代理成本降低系数的增加而变大。

此外，当信息成本、时间成本保持不变时，控制初始代理成本一定，调整代理成本降低系数，可发现决策成本随着最优决策点变大而呈现下降趋势。而控制代理成本降低系数不变，调整初始代理成本，可发现决策成本随着最优决策点变大而上升。在这种情况下，国有企业总部不应随意采取放权或者集权的方式，应结合公司具体的管理层级与决策事项的重要性，科学制定决策权的配置层。

3. 时间成本相关参数对模型结果的影响

本部分内容选取时间成本函数中的单位时间成本 C_0^T 和信息处理时间变化系数 θ 两个参数进行模型结果的敏感性分析。其中，将单位时间成本 C_0^T 在区间 $[8000,16000]$ 范围内进行调整，信息处理时间变化系数 θ 在区间 $[0.3, 0.9]$ 范围内进行调整，观察最优决策点 m^* 以及决策成本 $C(m)$ 的变化情况。同样的，本部分也计算了 125 组数据，并得到单位时间成本 C_0^T、信息处理时间变化系数 θ、最优决策点 m^* 以及决策成本 $C(m)$ 的演变关系，如图 5-7 与图 5-8 所示。

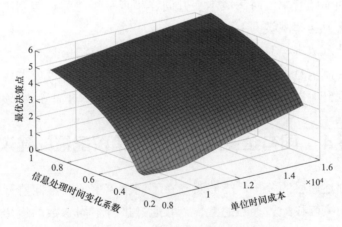

图 5-7　时间成本参数对最优决策点的影响

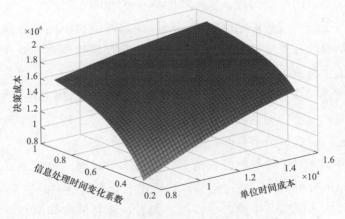

图 5-8　时间成本参数对决策成本的影响

由图 5-7 可知，运营型监管模式下，企业对财务预算方案制定的最优决策点 m^* 与单位时间成本 C_0^T 和信息处理时间变化系数 θ 之间均呈现单调递增关系，即随着单位时间成本与信息处理时间变化系数的增加最优决策点逐步上升，对财务预算方案制定事项进行决策的分权程度增加。该现象的原因主要是当其他参数一定时，单位时间成本与信息处理时间变化系数的增加一定会导致时间成本上升，时间成本对总体决策成本的影响程度增加。此时，J-M 模型求解时，会优先降级时间成本。而时间成本与决策权配置点 m 呈现单调递减关系，时间成本下降会导致决策权配置点 m 上升，最终导致最优决策点 m^* 与单位时间成本 C_0^T 和信息处理时间变化系数 θ 呈现单调递增关系。

由图 5-8 可知，整体而言，企业对财务预算方案制定的决策成本与单位时间成本 C_0^T 和信息处理时间变化系数 θ 之间均呈现正相关关系，即单位时间成本和信息处理时间变化系数之间增加而上升。且当单位时间成本一定时，曲面斜率随信息处理时间变化增加呈现放缓趋势，表明决策成本信息处理时间变化系数增加的上升速率减缓。类似的，曲面随着单位时间成本上升同样呈现平缓趋势，表明决策成本单位时间成本增加的上升速率减缓。

此外，当代理成本、时间成本保持不变时，分别控制信息量一定，调整信息失真系数，以及控制信息失真系数一定，调整信息量，企业决策成本均会随着最优决策点的增加而上升。即总部分权将带来时间成本的上升，进而导致决策成本上升。

5.4 国有企业内部监管决策权配置的建议

通过本章前述内容的分析，能够明确在不同决策事项、不同监管模式下国有企业总部与子公司决策权配置存在的差异，并通过进行不同参数的敏感性分析，揭示决策权配置结果存在差异的原因。本节内容将基于前文分析的结果，提出总部与子公司在决策权配置时的政策建议，从而降低企业整体的决策成本。

（1）总部与子公司应合理精简管理层级。根据本章对不同监管模式下同一事项的决策权配置结果的分析可知，参与企业决策的管理层级越多，企业决策信息传递的链条越长，最优决策点越大，企业决策成本越高。因此，子公司内部应该追求扁平化的管理方式，减少参与决策权配置的管理层级，提高内部决策效率。相似的，国有企业总部应减少子公司的监管层级，并积极推行"去机关化"改革，减少总部的职能部门设置，打造价值型总部，提高企业整体决策效率。

（2）总部应制定对子公司的授权清单。根据本章对同一监管模式下不同事项的决策权配置结果的分析可知，在运营型监管模式下，不同事项的决策层级存在差异，进而导致决策成本不同。基于此，一方面，国有企业总部应当结合决策事项的重要性，科学制定授权清单，针对将无法对子公司经营、整个企业发展产生重大影响的相关事项，要勇于放权、敢于放权，通过将该类事项的决策权下放给子公司，有效缩短决策链的长度，给予子公司自主经营决策的权利与活力，同时降低整体决策成本。另一方面，国有企业总部应当规范涉及子公司和总部利益的重大事项决策流程，发挥党组、董事会、经理层在相关事项决策中的重要价值，通过总部党组、董事会直接决策，或者子公司党组决策，总部监管加强监管两种方式，保障公司不出现重大决策失误，实现公司高质量发展。

（3）总部与子公司应当加快数字化转型。习近平总书记强调要"加快数字经济、数字社会、数字政府建设，推动各领域数字化优化升级"。国有企业作为市场经济主体，应当积极践行数字化转型战略。同时，结合本章5.3.3中不同参数对模型求解结果的影响分析可知，随着全社会信息化水平的提高，各类事项的决策都将面临极大的信息量，此时，信息失真情况、信息处理时间将快速抬高企业决策成本。加快企业数字化转型能够有效避免信息失真现象发生，同时降低信息传递时间、信息处理时间，为国有企业降本增效提供有力支撑。

（4）总部与子公司应精准制定公司经营计划方案。决策事项的重要性会对决策所需的信息量、基层员工信息处理时间、决策配置的管理层级产生较大影响；决策事项的紧迫性将决定决策过程中单位时间成本。决策事项越重要、越紧迫，企业决策成本也将越高，决策失误的概率和风险也越大。因此，无论国有企业总部或是子公司，都应该做到未雨绸缪，提前制定较为详细的公司经营投资计划方案，避免重大事项临时决策的现象发生，以此合理控制企业决策成本。

第6章

国有企业内部监管效果评价研究

监管效果评价是完善国有企业总部监管机制、持续提升国有企业总部监管水平的重要一环。本章结合前文中国有企业内部的监管模式、监管内容、监管策略选择、决策权配置的分析，建立了国有企业内部监管效果的评价指标体系。在此基础上，构建了 DEMETAL-ANP 赋权模型与基于 Vague 集的模糊综合评价模型，为评估企业总部对不同子公司的监管效果提供科学的方法。此外，本章选取了国有企业改革试点单位 G 企业下属的 3 家子公司作为算例对象，邀请多方专家运用本章构建的评价模型，分别就 G 企业总部对各子公司的监管效果进行了评价，以验证本章评价体系的有效性。最后，结合算例结果提出了国有企业总部改善监管效果的相关建议。

6.1 国有企业内部监管效果的评价指标体系

指标选取的科学性与合理性直接决定了评价结果是否对提升国有企业内部的监管水平具有指导价值。本节首先从子公司经营效益、子公司经营管理能力、子公司可持续发展能力和总部监管效率四个维度出发，分析了国有企业内部监管效果评价的内容，并形成了初始评价指标集。在此基础上，运用 Fuzzy-Delphi 法对评价指标进行筛选，并构建了最终适用于国有企业内部监管效果评价的指标体系。

6.1.1 国有总部对子公司监管效果的评价内容分析

结合本书前述章节对国有企业改革背景下国有企业内部的分类监管模式、监管内容，以及监管策略选择、决策权配置的影响因素分析，本节从子公司经营效益、子公司管理能力、子公司可持续发展能力与总部监管效率四个方面出发，分析了国有企业内部监管效果评价应该关注的内容及各项评价内容中可供筛选的评价指标。

（1）子公司经营效益。子公司经济效益水平最大化是子公司自身的直接经营目标，经营效益中包含的各项财务指标同样也是所有监管模式下总部都会对子公司进行监管的重要内容。对子公司经营效益进行评价，一方面能够反应在总部的监管下，子公司的经营发展状况如何；另一方面，还能够显示子公司是否达到了总部对其预设的监管目标，从而间接判断总部监管目标的设置是否合理。因此，当开展监管效果评价时，子公司经营效益是国有企业总部和子公司都应该着重关注的内容。在该项评价内容中可供选取的初始指标包括：子公司总资产收益率、子公司利润增长率、子公司市场份额增长率、子公司资产负债率、子公司净现值率、子公司总资产周转率、子公司资本收益率、子公司现金周转速度、子公司投资回收期、子公司成本费用利润率等。

（2）子公司管理能力。子公司的经营管理能力影响着总部对子公司的监管意愿与监管模式的选择，随着新一轮国有企业改革的逐步深化，国有企业对子公司监管模式的分权程度将越来越高，对子公司经营管理能力也会提出新的要求。此外，子公司的管理制度建设情况、党建工作情况、财务管理情况、战略规划情况及人事管理情况等都是不同监管模式下企业总部对子公司监管的重要内容。因此，对监管效果进行评价时，应当考察子公司的经营管理能力，关注子公司是否按照国资委与总部要求建立了现代化企业制度，及其经营管理能力是否能够适应监管模式的要求等。在该项评价内容中可供选取的初始指标包括：子公司企业制度建设情况、子公司组织架构合理性、落实总部监管要求能力、子公司员工满意度、子公司管理费用情况、子公司员工稳定性、子公司文化建设情况。

（3）子公司可持续发展能力。新一轮国有企业改革确定了以"管资产"为主的基本原则，国有企业总部将逐步根据子公司类型实施差异化的监管，子公司将摆脱总部的束缚，获得更大的经营自主权，但同时，也意味着子公司失去了总部的资源支持，需要自负盈亏。基于此，在总部的监管下，子公司能够优化自身资源配置，形成支撑未来发展、抵御风险的能力，不仅是总部监管模式与策略选择的重要参照因素，更能够反应总部是否落实了国有企业改革确定的监管导向及其监管集权程度是否合理。因此，子公司可持续发展能力应该是本书评价的一项重要内容，其可供选取的初始指标包括：子公司经营活力、子公司创新研发投入、子公司人才结构情况、子公司风险防范能力、子公司用户增长率、子公司市场需求度、子公司客户满意度等。

（4）国有企业总部监管效率。随着总部不断推进"去机关化"改革，精简职能机构设置，打造价值型总部，总部的监管能力将不可避免地受到制约。此外，本书第 4 章、第 5 章的分析指出，监管成本、决策效率将直接影响总部的监管策略选择与企业运营成本。基于此，合理配置总部有限的监管资源、实现监管效率的提升，成为监管效果好坏的重要评价内容，其可供选取的初始指标包括总部机构精简程度、重大事项决策效率、总部监管成本、道德风险行为敏感度等。

通过对上述监管内容的分析，本节内容形成了国有企业内部监管效果评价中可供选取的初始指标集合，如表 6-1 所示。

表 6-1　　　　　　　　　　国有企业内部监管效果的初始评价指标集合

评价内容	可供选取的初始指标
子公司经营效益	子公司总资产收益率、子公司利润增长率、子公司市场份额增长率、子公司资产负债率、子公司净现值率、子公司总资产周转率、子公司资本收益率、子公司现金周转速度、子公司投资回收期、子公司成本费用利润率

评价内容	可供选取的初始指标
子公司管理能力	子公司企业制度建设情况、子公司组织架构合理性、落实总部监管要求能力、子公司员工满意度、子公司管理费用情况、子公司员工稳定性、子公司文化建设情况
子公司可持续发展能力	子公司经营活力、子公司创新研发投入、子公司人才结构情况、子公司风险防范能力、子公司用户增长率、子公司市场需求度、子公司客户满意度
总部监管效率	总部机构精简程度、重大事项决策效率、总部监管成本

6.1.2　基于 Fuzzy-Delphi 法的监管效果评价指标筛选

考虑到上文形成的初始指标集合中同时包含定量指标与定性指标，且彼此之间存在一定的重复性，本节引入了 Fuzzy-Delphi 法对评价指标进行了筛选，从而形成一套可操作性、可比较性强的评价指标体系。Fuzzy-Delphi 法将三角模糊数的概念融入了传统 Delphi 法中，解决了传统 Delphi 方法步骤繁琐、结论不一的问题[111]。在 Fuzzy-Delphi 法中，被邀请的指标筛选专家在对指标进行评判时，需要利用三角模糊数对指标进行三点式的评判，然后通过隶属度函数验证专家的评判结果。其指标筛选的流程如下。

（1）邀请专家对初始指标集中每个指标的重要性进行判断。判断时应给出每个指标的乐观值（重要性程度）与保守值（可接受程度），且其取值范围均为 $[0, 10]$。

（2）根据所有专家的评判结果计算每个指标的三角模糊函数。具体包括乐观三角模糊函数（O_i^H，O_i^M，O_i^L）与保守三角模糊函数（C_i^H，C_i^M，C_i^L），其中，O_i^H 和 O_i^L 表示所有专家对第 i 个指标评判的乐观值的最大和最小值，O_i^M 则为剩余专家给出的乐观值的平均值。类似的，C_i^H 和 C_i^L 分别表示第 i 个指标保守值的极大值和极小值，C_i^M 则为第 i 个指标其余保守值的平均值[112]。

（3）根据三角模糊函数验证专家评判结果的一致性。当 $C_i^H < O_i^L$ 时，即第 i 个指标保守值的最大值仍小于乐观值的最小值，表明专家对第 i 个指标的判断具有一致性。相反的，当 $C_i^H > O_i^L$ 时，则需要计算第 i 个指标的灰度范围值 Z_i 与 M_i，然后做进一步判断。

$$Z_i = C_i^H - O_i^L \tag{6-1}$$

$$M_i = O_i^H - C_i^M \tag{6-2}$$

若 $Z_i \leqslant M_i$，专家对第 i 个指标的判断具有一致性。若 $Z_i > M_i$，表明专家判断不一致，需要返回前两步进行重新判断，直至专家判断结果具有一致性。

（4）计算指标的重要性一致值。指标的重要性一致值 G_i 直接反映了指标的重要程度，且当 $C_i^H < O_i^L$ 时，第 i 个指标的重要性一致值可表示为：

$$G_i = \frac{O_i^M + C_i^M}{2} \tag{6-3}$$

当 $C_i^H > O_i^L$，且 $Z_i \leqslant M_i$ 时，第 i 个指标的重要性一致值可表示为[113]：

$$G_i = \frac{C_i^H \times O_i^M - O_i^L \times C_i^M}{C_i^H - C_i^M + O_i^M - O_i^H} \tag{6-4}$$

（5）确定指标筛选的标准，完成指标筛选。在计算完指标的重要性一致值后，可通过确定阈值的方式明确指标筛选标准，即当 G_i 大于设定的阈值时，保留该指标，当其小于设定的阈值时，剔除该指标，本书设该阈值为 5。

依据 Fuzzy-Delphi 法的原理，本书借鉴学校师资理论、学院企业导师库、课题合作单位等多方资源，邀请了来自国有企业总部、国有企业子公司、高校等不同机构的共 10 名专家对前一节中的初始指标集合中各个指标进行了评判，各指标的乐观值、保守值、重要度一致性值及评判结果如表 6-2 所示。

表 6-2　　　　　　　　　基于 Fuzzy-Delphi 法的初始指标评判结果

评价内容	可供选择的初始指标	乐观值			保守值			G_i	评判结果
		O_i^H	O_i^M	O_i^L	C_i^H	C_i^M	C_i^L		
子公司经营效益	子公司资产收益率	10	8.52	7	6	3.89	2	6.12	选取
	子公司总资产周转率	9	7.05	5	5	2.87	1	4.96	剔除
	子公司投资回收期	8	6.92	5	4	2.86	0	4.89	剔除
	子公司资产负债率	9	7.85	6	6	3.97	2	5.91	选取
	子公司净现值率	8	6.77	5	5	3.08	0	4.93	剔除
	子公司利润增长率	10	7.87	6	6	4.05	3	5.91	选取
	子公司现金周转速度	8	6.81	4	5	3.34	2	4.63	剔除
	子公司市场份额增长率	9	7.28	5	6	4.52	3	5.61	选取
	子公司成本费用利润率	8	6.96	5	5	3.53	2	4.67	剔除
子公司管理能力	子公司企业制度建设情况	10	8.14	6	5	4.86	3	6.50	选取
	子公司管理费用情况	9	7.31	4	5	3.24	1	4.65	剔除
	子公司组织架构合理性	9	7.43	5	6	4.25	2	5.58	选取
	子公司员工满意度	8	6.54	3	4	3.07	2	3.79	剔除
	子公司员工稳定性	8	6.62	4	5	3.39	2	4.62	剔除
	子公司文化建设情况	8	6.23	4	5	3.53	0	4.06	剔除
	落实总部监管要求能力	9	7.58	5	6	4.52	2	5.66	选取
子公司可持续发展能力	子公司经营活力	10	8.17	6	6	4.58	3	6.39	选取
	子公司客户满意度	9	7.12	4	5	3.31	1	4.65	剔除
	子公司人才结构情况	9	7.35	5	5	3.66	2	5.51	选取
	子公司风险防范能力	9	7.69	5	6	4.15	2	5.59	选取
	子公司用户增长率	9	7.08	4	5	3.23	1	4.64	剔除
	子公司市场需求度	9	7.22	5	5	3.14	0	4.63	剔除
	子公司创新研发投入	10	8.04	5	6	4.42	3	5.66	选取
总部监管效率	总部机构精简程度	9	7.18	5	6	4.47	2	5.59	选取
	重大事项决策效率	10	7.25	4	6	4.73	3	5.44	选取
	总部监管成本	10	7.76	6	6	4.86	3	6.31	选取

6.1.3　国有总部对子公司监管效果的评价指标体系

通过运用 Fuzzy-Delphi 法对初始指标集进行筛选，本书最终建立了一套包含 4 个一级指标、14 个二级指标的国有企业内部监管效果评价指标体系，如表 6-3 所示。

表 6-3　　　　　　国企改革背景下企业总部对子公司监管效果的评价指标体系

评价对象	一级指标	指标序号	二级指标	指标序号
国企改革背景下企业总部对子公司监管效果的评价指标体系	子公司经营效益	U_1	子公司总资产收益率	U_{11}
			子公司利润增长率	U_{12}
			子公司市场份额增长率	U_{13}
			子公司资产负债率	U_{14}
	子公司管理能力	U_2	子公司企业制度建设情况	U_{21}
			子公司组织架构合理性	U_{22}
			落实总部监管要求的执行能力	U_{23}
	子公司可持续发展能力	U_3	子公司经营活力	U_{31}
			子公司创新研发投入	U_{32}
			子公司人才结构情况	U_{33}
			子公司风险防范能力	U_{34}
	总部监管效率	U_4	总部机构精简程度	U_{41}
			重大事项决策效率	U_{42}
			监管经济成本	U_{43}

在上述指标体系中，子公司总资产收益率、子公司利润增长率、子公司市场份额增长率、子公司资产负债率、子公司创新研发投入、子公司人才结构情况均为可量化的指标，总部可以通过子公司财务报表及人力资源管理系统获取相关数据。总部机构精简程度、重大事项决策效率、监管经济成本为总部自身管理的数据，可通过精简总部部门数量、重大事项的决策时间、监管事项产生的相关费用等数据进行评价。

此外，指标体系中还涉及无法量化的定性指标，包括子公司企业制度建设情况、子公司组织架构合理性、落实总部监管要求的执行能力、子公司经营活力、子公司风险防范能力，需要总部内部组建专项团队或者邀请第三方机构，通过对子公司的制度建设、日常经营管理情况进行深度调研，从而做出科学评估。

6.2　国有企业内部监管效果的评价模型构建

在建立好评价指标体系后，考虑到其中同时包含定量与定性指标，经济效益类等定量指标存在一定涉密性，且各个指标之间存在一定的相互影响，因此，本节引入 DEMETAL-ANP 的权重确定方法与基于 Vague 集的模糊综合评价方法，构建国企改革背景下企业总部对子公司监管效果的评价模型，为科学评价监管效果提供了方法支撑。

6.2.1　基于 DEMATEL-ANP 的指标赋权模型

由于本书构建的评价指标体系中，子公司经营效益、子公司管理能力、子公司可持续发展能力、总部监管效率四个维度之间具有一定的相互影响关系，本书选取了 DEMATEL-ANP 组合权重确定的方法计算各个指标的权重分配。

DEMATEL-ANP 方法是用来确定指标权重的常用方法，其中 DEMATEL 方法能够分析指标之间的影响关系及程度，具有一定的有效性，但忽视了指标权重的不同。为克服 DEMATEL 方法的不足，通常引进 ANP 以确定指标权重[114]。DEMA-TEL-ANP 组合赋权法的主要思路：首先运用 DEMATEL 方法建立各个一级指标间的相关关系，在此基础上，进一步运用 ANP 方法计算各个二级指标的权重。该方法确定指标权重的具体步骤如下：

（1）界定一级指标间的关联关系。若一级指标 U_i 的取值会影响 U_j 的取值或受到 U_j 取值的影响，则表示两者之间存在关联关系。本书设定一级指标 U_i 对 U_j 的影响程度可划分为无影响、影响较弱、影响一般、影响较大、强影响五种程度，并用数字 0-4 分别对应。通过分析全部一级指标间的相互影响关系，可以构造直接关系矩阵：

$$A = [a_{ij}]_{n \times n} \tag{6-5}$$

式中：a_{ij} 为一级指标 U_i 对 U_j 的影响程度，且 $1 \leqslant i$，$j \leqslant n$。

（2）计算标准关联矩阵。根据直接影响矩阵 A 可进一步计算标准关联矩阵：

$$B = \frac{1}{\max \sum_{j=1}^{n} a_{ij}} A \tag{6-6}$$

（3）计算综合影响矩阵。综合影响矩阵反映整个指标体系中，一级指标间的因果关系，其计算方式为：

$$T = [t_{ij}]_{n \times n} = \lim_{k \to \infty} (B + B^2 + \cdots + B^k) = B(I - B)^{-1} \tag{6-7}$$

式中：I 为单位矩阵。

（4）计算一级指标的中心度和原因度。影响度 D 表示第 i 个一级指标对其余一级指标的综合影响程度，为综合影响矩阵 T 的第 i 行元素之和；被影响度 R 则表示第 j 个一级指标受到其余一级指标的综合影响程度，为第 j 列元素之和。则有：

$$D = \sum_{j=1}^{n} t_{ij} \tag{6-8}$$

$$R = \sum_{i=1}^{n} t_{ij} \tag{6-9}$$

在此基础上，进一步定义 $D+R$ 为该指标的中心度，$D-R$ 为该指标的原因度，分别表示该指标在整个指标体系中的重要性与价值。具体而言，$D+R$ 的取值越大，表明该指标在整个指标体系中越重要；若 $D-R>0$，表明该指标对其他指标的影响程度大于其受其他指标的影响程度，此时，该指标可被视作原因型指标；若 $D-R<0$，则表明该指标受其他指标的影响比自身对其他指标的影响大，因此该指标可视为结果型指标。

（5）构造指标体系的网络层次结构。按照已确定的一级指标的中心度和原因度，构造指标体系中控制层指标（评价对象）和网络层指标（一级指标）之间的影响与被影响的关系。

（6）构造网络层次分析超矩阵。一级指标作为控制层，有元素为 $S_s(s=1, 2, \cdots m)$；其下的二级指标作为网络层，元素为 $U_j(j=1, 2, \cdots n)$，其中 U_j 中包含元素 $u_{jk}(k=1, 2, \cdots n_j)$。在将控制层元素 S_s 作为准则的前提下，再以 U_j 中的元素 u_{jk} 作为次准则，比较元素组 U_i 中元素对 u_{jk} 影响度的大小，得到判断矩阵，再运用特征根法得到权重向量 $w_{i1}^{(jk)}$，$w_{i2}^{(jk)}$，$\cdots$，$w_{in_i}^{(jk)}$，对于 $k=1, 2, \cdots n_j$，重复上述步骤，将得到如下矩阵：

$$W_{ij} = \begin{bmatrix} w_{i1}^{(j1)} & \cdots & w_{i1}^{(jn_j)} \\ \vdots & \ddots & \vdots \\ w_{in_i}^{(j1)} & \cdots & w_{in_i}^{(jn_j)} \end{bmatrix} \tag{6-10}$$

其中，W_{ij} 的列向量表示 U_i 中所有元素对 U_j 中元素 u_{jk} 的影响度排序向量。若 u_{jk} 不受 U_i 中的元素 u_{ip} 的影响，则 $w_{ip}^{(jk)}=0$。对于每一个 U_i 和 U_j，重复上述步骤，可得到 S_s 准则下的超矩阵 $W^{(S)}$。超矩阵个数与控制层元素数量相同，共 m 个。

$$W^{(S)} = \begin{bmatrix} w_{11}^{(S)} & \cdots & w_{1n}^{(S)} \\ \vdots & \ddots & \vdots \\ w_{n1}^{(S)} & \cdots & w_{nm}^{(S)} \end{bmatrix} \tag{6-11}$$

（7）构造 ANP 的加权超矩阵。虽然超矩阵 $W^{(S)}$ 中作为其元素的子矩阵 $w_{ij}^{(S)}$ 是列归一化的，但 $W^{(S)}$ 不是列归一化的，需要对 $W^{(S)}$ 进行列归一化处理，从而得到加权超矩阵。以 S_s 为准则，以元素组 U_j 为次准则，比较所有元素组的相对重要性大小，根据特征值法得到权重向量 $B_j^{(S)}=(B^{(S)j1}, B_{j2}^{(S)}, \cdots, B_{jn}^{(S)})^T$，对所有的 $j=1, 2, \cdots n$，重复上述步骤，得到加权矩阵：

$$B^{(S)} = \begin{bmatrix} b_{11}^{(S)} & \cdots & b_{1n}^{(S)} \\ \vdots & \ddots & \vdots \\ b_{n1}^{(S)} & \cdots & b_{nm}^{(S)} \end{bmatrix} \tag{6-12}$$

按照下式对超矩阵 $W^{(S)}$ 中的子矩阵进行加权，即加权超矩阵 $W^{(BS)}$。同样地，加权超矩阵应该有 m 个。

$$W^{(BS)} = (w_{ij}^{(BS)})_{n \times n} \tag{6-13}$$

$$w_{ij}^{(BS)} = b_{ij}^{(S)} \times w_{ij}^{(S)} \tag{6-14}$$

（8）计算极限超矩阵。对超矩阵进行稳定处理，以便更加准确地反映各元素间的相互依存关系，故计算极限超矩阵 $W^{(S)*}$。

$$W^{(S)*} = \lim_{k \to \infty} W^{(S)k} \tag{6-15}$$

若极限收敛且唯一，则原矩阵对应行的值即为各评价指标的稳定权重。

网络层次分析法的核心是求解超矩阵，需要借助 Super Decisions 软件进行计算。

6.2.2　基于 Vague 集的模糊综合评价模型

模糊综合评价主要利用模糊变换原理和最大隶属度原则，对评价指标进行统一的量化处理，模糊综合评价方法相对而言具有不过多依赖先验数据的优势。基于 Vague 集的模糊综合评价模型，将评语集和因素集统一至 Vague 集的论域和参数集中，采用 Vague 集相似度量代替模糊综合评判矩阵，使得计算过程由多级计算变换为一级计算，避免了矩阵运算和矩阵维数发生变化带来的问题[115]。考虑到本书构建的国企改革背景下企业总部对子公司监管效果评价体系中含有一些定性指标，应用传统的模糊理论容易导致评价结果失真，这是因为在传统模糊理论下的隶属度不具有可加性，取大或取小运算容易使中间信息丢失。基于这样的考量，本书选取了基于 Vague 集的模糊综合评价方法。

Vague 集是对模糊集的扩展，模糊集把隶属概念扩大到了 [0，1] 区间，而 Vague 集则将每个元素的隶属度分为支持和对立两个方面，也就是由真隶属度 t 和假隶属度 f 构成。假设 M 是一个论域，x 表示其中任一元素，则 M 中的一个 Vague 集可用一个真隶属函数 t_A 和一个假隶属函数 f_A 表示，$t_A(x)$ 是根据支持 x 的证据而导出的 x 的隶属度的下界；$f_A(x)$ 则是由反对 x 的证据而导出的 x 的否定隶属度下界，$1-t_A(x)-f_A(x)$ 则为不确定的部分。$t_A(x)$ 和 $f_A(x)$ 将区间 [0，1] 中的实数与 M 中的每一个元素联系起来，即：$t_A(x):M \to [0，1]$，$f_A(x):M \to [0，1]$。

为方便讨论，本书记 $t_A(x)$ 为 t_x，记 $f_A(x)$ 为 f_x，则有：$t_x \in [0，1]$，$1-f_x \in [0，1]$，$t_x + f_x \leqslant 1$。若 $t_x = 1 - f_x$，则 Vague 集退化为 Fuzzy 集；若 $t_x = 1 - f_x = 0$ 或 1，则 Vague 集退化为普通集。具体而言，运用基于 Vague 集的模糊综合评价方法对国企改革背景下企业总部对子公司的监管效果开展评价的步骤为：

（1）对监管效果的每个评价指标设定相应等级的评价语句。参照企业总部对子公司的实际监管情况，本书给出相应评语集 $V = (V_1，V_2，V_{3,}，V_4，V_5)$，分别对应"监管效果非常好，监管效果比较好，监管效果一般，监管效果比较差，监管效果非常差"5 个评价等级，并邀请一定数量的专家通过选择合适的语言变量来表达其评价意见。

（2）构造 Vague 集评价矩阵，即请专家按照设定的评语集 V 逐一判断各个指标，并构造评价指标体系 U 和评语集 V 之间的 Vague 集评价矩阵 R：

$$R = \begin{bmatrix} r_{11} & r_{12} & \cdots & r_{15} \\ r_{21} & r_{22} & \cdots & r_{25} \\ \vdots & \vdots & \ddots & \vdots \\ r_{n1} & r_{n2} & \cdots & r_{n5} \end{bmatrix} \qquad (6\text{-}16)$$

式中：r_{ij} 表示指标 U_i 对应评语等级 V_j 的 Vague 值评语，且有：

$$r_{ij} = [t_A, 1 - f_A] \qquad (6\text{-}17)$$

邀请专家针对每个指标按照评语集逐一进行判断，并允许专家弃权，以更真实地体现专家的犹豫程度。例如有 10 位专家对某一子公司经营效益指标 U_{1i} 评价，若 6 人选择了监管效果非常好，2 人选择监管效果比较好，1 人选择监管效果一般，1 人放弃评价，则可求得：

$$r_i = (r_{i1}, r_{i2}, r_{i3}, r_{i4}, r_{i5}) = ([0.6, 0.7], [0.2, 0.3], [0.1, 0.2], [0, 0.1], [0, 0.1])$$

$$(6\text{-}18)$$

据此可以得到所有指标的 Vague 值评语，进而构造整个指标体系的 Vague 集评价矩阵。

（3）根据指标体系的权重 W 和 Vague 集评价矩阵 R，进行基于 Vague 集的综合评价：

$$F = W \otimes R = (F_1, F_2, F_3, F_4, F_5) \qquad (6\text{-}19)$$

$$F_j = (w_1 \otimes r_{1j}) \oplus (w_2 \otimes r_{2j}) \oplus \cdots \oplus (w_n \otimes r_{nj}), j = (1, 2, 3, 4, 5) \quad (6\text{-}20)$$

式中：F 为基于 Vague 集的综合评价结果；F_j 为待评价对象对评语等级 V_j 的 Vague 值评语；$\otimes$ 为 Vague 集中矩阵相乘的运算符号；$\oplus$ 为 Vague 集有限和运算符号。

上述计算需要用到 Vague 集的两个基本公式：数乘运算以及有限和运算。设 l 为 $[0, 1]$ 区间上的实数，P，Q 为 Vague 集上的元素，且 $P = [t_P, 1 - f_P]$，$Q = [t_Q, 1 - f_Q]$，则有：

$$k \otimes P = [lt_P, l(1 - f_P)] \qquad (6\text{-}21)$$

$$P \oplus Q = [\min\{1, t_P + t_Q\}, \min\{1, (1 - f_P) + (1 - f_Q)\}] \qquad (6\text{-}22)$$

（4）最后，根据隶属度最大原则判定评价结果。由于 Vague 值是一个区间数，可采用相对计分函数作为 Vague 集隶属度的排序规则[116]，公式如下：

$$J(x) = \frac{t_x}{t_x + f_x} \qquad (6\text{-}23)$$

直观来看，公式（6-23）表示不考虑弃权的情况下，待评价对象隶属于某一评价等级的情况 t_x 占所有情况 $t_x + f_x$ 的比重越大，认为该待评价对象隶属于该评价等级的概率越大。如果考虑弃权部分的影响，上式表示对弃权部分按照 $t_x : f_x : (1 - t_x - f_x)$ 的比例进行无限次的细分，直到未知信息不影响对评价对象关于评价等级隶属度的判断。

6.3　国有企业内部监管效果评价的算例分析

在构建了国有企业内部监管效果评价模型后，本节运用所构建的模型计算了指标的权重，并以新一轮国有企业改革的试点单位 G 企业及其下属的 3 家不同类型的子公司为对象，邀请 20 位来自政府、企业、高校等不同机构的专家运用所构建的综合评价模型对所选对象的监管效果进行评估，以验证模型的有效性。

6.3.1　评价算例选取情况介绍

G 企业是国有资本投资公司改革试点企业。企业产业遍布中国各省市，并延伸至美国、加拿大等十多个国家和地区，业务包含能源、金融、技术研发、工程服务等多个板块。本节内容分别选取其下属的金融类子公司 A、技术研发类子公司 B 与工程服务类子公司 C 作为监管效果评价算例。算例具体情况介绍如下：

算例 1：金融类子公司 A 作为 G 企业在金融产业投资与管理方面的平台，承担着融资租赁、金融租赁、保险经纪、投资投行、产业基金、资产管理、海外投融资等多项金融业务。在总部的授权下，A 公司可对 G 企业拥有的其他金融资产行使管理权，并对有关资产、人员、业务等实行专业化管理。由于 A 公司的主营业务具有较强的市场化程度，属于国有独资竞争型商业类子公司，G 企业总部对其主要采用财务型监管模式。

算例 2：技术研发类子公司 B 作为 G 企业全资子公司，是国家级高新技术企业，其主要业务范围包括发电企业技术监督与技术服务、电力生产过程试验及研究、电力建设项目环境影响评价、火电节能减排及环保治理、工程技术咨询、技术培训等，为 G 企业电力产业安全生产、绿色发展提供技术支持和保障。虽然 B 公司的业务也具有较强的市场化特征，但其技术研发成果直接影响 G 企业整体的核心竞争力，因此，总部对其采用财务—战略型监管模式。

算例 3：工程服务类子公司 C 是 G 企业内专业从事招标代理、工程造价和项目咨询等业务的子公司，具有近 20 年招标、30 多年工程造价的技术力量和实践经验。公司招标规模覆盖 G 企业内所有单位，服务于采购及工程建设的各个环节，采用信息化手段提供招标、造价和工程咨询一体化综合服务，在行业中具有示范和引领地位。由于 C 公司的业务运行质量直接影响 G 企业总部及其下属的各子公司的生产经营情况，因此，总部对其采用运营型监管模式。

为顺利实施评价工作，本书采取问卷调查方式，向高校、专业研究机构和相关领域的专家进行函询，据此来验证分析上述建立的国企改革背景下企业总部对子公司监管效果评价模型。

6.3.2　指标权重计算结果

在明确监管效果评价的对象后，本节内容按照 6.2.1 中构建的 DEMETAL-ANP 模型，计算了各个指标的权重。

（1）首先，按照 DEMATEL 方法确定一级指标间的影响关系。对于本书的 4 个一级指标，依据专家判断，得出直接关系矩阵为：

$$A = \begin{bmatrix} 0 & 2 & 3 & 1 \\ 4 & 0 & 4 & 1 \\ 2 & 3 & 0 & 1 \\ 0 & 1 & 1 & 0 \end{bmatrix}$$

（2）根据公式（6-6）和公式（6-7）可计算得到综合影响矩阵为：

$$T = \begin{bmatrix} 0.7843 & 0.9625 & 1.2123 & 0.4949 \\ 1.4438 & 1.0613 & 1.6527 & 0.6447 \\ 1.0261 & 1.0624 & 0.9796 & 0.5085 \\ 0.3087 & 0.3905 & 0.4540 & 0.1442 \end{bmatrix}$$

（3）进一步由公式（6-8）计算各个一级指标的中心度和原因度，如表 6-4 所示：

表 6-4　　　　　　　　　　一级指标的中心度和原因度

一级指标	$D+R$	$D-R$
U_1	7.0168	-0.1088
U_2	8.2792	1.3258
U_3	7.8751	-0.7221
U_4	3.0897	-0.4949

由综合矩阵 T 和表 6-2 可知，本书构建的评价指标体系中，4 个一级指标之间存在相互作用关系，子公司管理能力指标对其他指标的影响大于其受到其他指标的影响，因此为原因因素。参考文献［117］的表示方法，本书构建的指标体系中 4 个一级指标之间的相互关系可以通过图 6-1 表示。

在确定的一级指标的相互影响关系基础上，根据二级指标含义，可以得到国企改革背景下企业总部对子公司监管效果的评价指标体系的网络层次结构，如图 6-2 所示。

根据指标体系的 ANP 网络层次结构，二级指标的权重系数 w_{ij} 可用 Super Decisions 软件进行计算，具体结果如表 6-5 所示。

根据权重计算结果可知，14 个二级指标中，权重值较大的指标依次为落实总部监管要求的执行能力、子公司组织架构合理性、子公司资产负债率、子公司企业制度建设情况及子公司总资产收益率。体现了对于企业总部对子公司监管效果而言，其在子公司管理能力和子公司经营效益方面作用的相对重要程度。

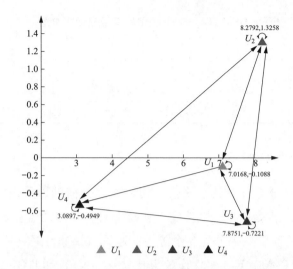

图 6-1　一级指标之间的关联关系

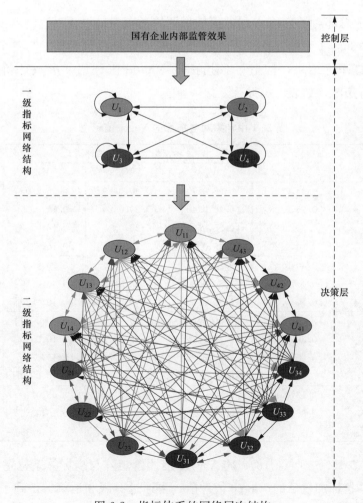

图 6-2　指标体系的网络层次结构

表 6-5 　　　　　　　　　基于 DEMETAL-ANP 模型的二级指标权重结果

指标	U_{11}	U_{12}	U_{13}	U_{14}	U_{21}	U_{22}	U_{23}
权重	0.08391	0.0766	0.0441	0.0924	0.0911	0.0935	0.1148
指标	U_{31}	U_{32}	U_{33}	U_{34}	U_{41}	U_{42}	U_{43}
权重	0.0645	0.0499	0.0448	0.0840	0.0567	0.0356	0.0681

6.3.3　算例评价结果分析

针对选取的 G 企业总部及其下属子公司，本部分借助课题研究的渠道和平台搜集各评价指标所需的相关资料，开展 G 企业总部对各子公司监管效果的评价。其中，企业总部对子公司的监管效果分为 5 个等级：监管效果非常好（V_1），监管效果比较好（V_2），监管效果一般（V_3），监管效果比较差（V_4）和监管效果非常差（V_5）。不同算例的评价过程及结果如下：

1. G 企业总部对子公司 A 的监管效果评价过程与结果

根据本章 6.3.1 中构建基于 Vague 集的模糊综合评价模型，与各个专家评价针对不同指标的评价结果，构造了各指标的 Vague 值评语，形成评价指标体系的 Vague 集评价矩阵，如表 6-6 所示。

表 6-6 　　　　　　　　　算例 1 中专家对各指标的 Vague 值评语

一级指标	二级指标	各指标的 Vague 值评语				
		V_1	V_2	V_3	V_4	V_5
U_1	U_{11}	[0.35,0.35]	[0.40,0.40]	[0.20,0.20]	[0.05,0.05]	[0.00,0.00]
	U_{12}	[0.25,0.25]	[0.40,0.40]	[0.20,0.20]	[0.15,0.15]	[0.00,0.00]
	U_{13}	[0.30,0.30]	[0.35,0.35]	[0.25,0.25]	[0.10,0.10]	[0.00,0.00]
	U_{14}	[0.20,0.20]	[0.45,0.45]	[0.25,0.25]	[0.10,0.10]	[0.00,0.00]
U_2	U_{21}	[0.40,0.45]	[0.25,0.30]	[0.15,0.20]	[0.10,0.15]	[0.05,0.10]
	U_{22}	[0.45,0.45]	[0.30,0.40]	[0.15,0.15]	[0.10,0.10]	[0.00,0.00]
	U_{23}	[0.20,0.30]	[0.20,0.40]	[0.40,0.50]	[0.10,0.20]	[0.00,0.10]
U_3	U_{31}	[0.30,0.40]	[0.40,0.50]	[0.20,0.30]	[0.00,0.10]	[0.00,0.10]
	U_{32}	[0.30,0.30]	[0.30,0.30]	[0.25,0.25]	[0.10,0.10]	[0.05,0.05]
	U_{33}	[0.30,0.35]	[0.30,0.35]	[0.20,0.25]	[0.10,0.15]	[0.05,0.10]
	U_{34}	[0.40,0.50]	[0.30,0.40]	[0.10,0.20]	[0.10,0.20]	[0.00,0.10]
U_4	U_{41}	[0.15,0.25]	[0.40,0.50]	[0.25,0.30]	[0.05,0.15]	[0.05,0.15]
	U_{42}	[0.35,0.35]	[0.25,0.25]	[0.25,0.25]	[0.15,0.15]	[0.00,0.00]
	U_{43}	[0.40,0.40]	[0.35,0.35]	[0.20,0.20]	[0.05,0.05]	[0.00,0.00]

根据式（6-15）~式（6-18），将 Vague 集评价矩阵与指标体系权重 W 进行数乘运算，得到各指标加权后的 Vague 值评语，再通过有限和运算，得到子公司 A 受企业总部监管效果的 Vague 值综合评价结果，如表 6-7 所示。按照表 6-7 计算的评价结

果，利用式（6-15），可求出 G 企业总部对子公司 A 的监管效果对应评语等级的计分值，结果如表 6-8 所示。

表 6-7　　　　　　　　　G 企业总部对子公司 A 监管效果 Vague 值综合评价结果

一级指标	二级指标	各指标的 Vague 值评语				
		V_1	V_2	V_3	V_4	V_5
U_1	U_{11}	[0.0294,0.0294]	[0.0336,0.0336]	[0.0168,0.0168]	[0.0042,0.0042]	[0.0000,0.000]
	U_{12}	[0.0192,0.0192]	[0.0306,0.0306]	[0.0153,0.0153]	[0.0115,0.0115]	[0.0000,0.000]
	U_{13}	[0.0132,0.0132]	[0.0154,0.0154]	[0.0110,0.0110]	[0.0044,0.0044]	[0.0000,0.000]
	U_{14}	[0.0185,0.0185]	[0.0416,0.0416]	[0.0231,0.0231]	[0.0092,0.0092]	[0.0000,0.000]
F_1		[0.0802,0.0802]	[0.1212,0.1212]	[0.0662,0.0662]	[0.0293,0.0293]	[0.0000,0.000]
U_2	U_{21}	[0.0364,0.0410]	[0.0228,0.0273]	[0.0137,0.0182]	[0.0091,0.0137]	[0.0046,0.0091]
	U_{22}	[0.0421,0.0421]	[0.0281,0.0281]	[0.0140,0.0137]	[0.0094,0.0094]	[0.0000,0.0000]
	U_{23}	[0.0230,0.0344]	[0.0230,0.0344]	[0.0459,0.0456]	[0.0115,0.0230]	[0.0000,0.0115]
F_2		[0.1015,0.1175]	[0.0738,0.0898]	[0.0736,0.0774]	[0.0299,0.0460]	[0.0046,0.0206]
U_3	U_{31}	[0.0194,0.0258]	[0.0258,0.0323]	[0.0129,0.0194]	[0.0000,0.0065]	[0.0000,0.0065]
	U_{32}	[0.0150,0.0150]	[0.0150,0.0150]	[0.0125,0.0125]	[0.0050,0.0050]	[0.0025,0.0025]
	U_{33}	[0.0134,0.0157]	[0.0134,0.0157]	[0.0090,0.0112]	[0.0045,0.0067]	[0.0022,0.0045]
	U_{34}	[0.0336,0.0420]	[0.0252,0.0336]	[0.0084,0.0168]	[0.0084,0.0168]	[0.0000,0.0084]
F_3		[0.0814,0.0985]	[0.0794,0.0965]	[0.0427,0.0598]	[0.0179,0.0350]	[0.0047,0.0218]
U_4	U_{41}	[0.0085,0.0142]	[0.0227,0.0284]	[0.0142,0.0198]	[0.0028,0.0085]	[0.0028,0.0085]
	U_{42}	[0.0125,0.0125]	[0.0089,0.0089]	[0.0089,0.0089]	[0.0053,0.0053]	[0.0000,0.0000]
	U_{43}	[0.0272,0.0272]	[0.0238,0.0238]	[0.0136,0.0136]	[0.0034,0.0034]	[0.0000,0.0000]
F_4		[0.0482,0.0539]	[0.0554,0.0611]	[0.0367,0.0424]	[0.0116,0.0173]	[0.0028,0.0085]
F		[0.3113,0.3501]	[0.3298,0.3686]	[0.2193,0.2459]	[0.0887,0.1275]	[0.0121,0.0509]

表 6-8　　　　　　　　　G 企业总部对子公司 A 监管效果评语等级的计分值

评语等级	监管效果非常好（V_1）	监管效果比较好（V_2）	监管效果一般（V_3）	监管效果比较差（V_4）	监管效果非常差（V_5）
计分值	J_{A1}	J_{A2}	J_{A3}	J_{A4}	J_{A5}
计算结果	0.3238	0.3431	0.2253	0.0932	0.0126

根据计分值结果可知，$J_{A2} > J_{A1} > J_{A3} > J_{A4} > J_{A5}$，因此，G 企业总部对子公司 A 的监管效果比较好。进一步对其各个一级指标评语等级的计分值进行计算，可得结果如表 6-9 所示：

表 6-9　　　　　　　　G 企业总部对子公司 A 监管效果各维度评语等级的计分值

一级指标	监管效果非常好（V_1）	监管效果比较好（V_2）	监管效果一般（V_3）	监管效果比较差（V_4）	监管效果非常差（V_5）
子公司经营效益	0.0802	0.1212	0.0662	0.0293	0.0000
子公司管理能力	0.1031	0.0750	0.0739	0.0304	0.0046

续表

一级指标	监管效果非常好（V_1）	监管效果比较好（V_2）	监管效果一般（V_3）	监管效果比较差（V_4）	监管效果非常差（V_5）
子公司可持续发展能力	0.0828	0.0808	0.0435	0.0182	0.0182
总部监管效率	0.0485	0.0557	0.0369	0.0116	0.0029

具体而言，在子公司经营效益维度上，存在 $J_{A12} > J_{A11} > J_{A13} > J_{A14} > J_{A15}$，表明 G 企业总部对子公司 A 的监管在经营效益水平方面效果比较好；在子公司管理能力维度上，存在 $J_{A21} > J_{A22} > J_{A23} > J_{A24} > J_{A25}$，表明 G 企业总部对子公司 A 的监管在子公司管理能力方面效果比较好；在子公司可持续发展能力维度上，存在 $J_{A31} > J_{A32} > J_{A33} > J_{A34} > J_{A35}$，表明 G 企业总部对子公司 A 的监管在子公司可持续发展能力方面的效果非常好。在总部监管效率维度上，存在 $J_{A42} > J_{A41} > J_{A43} > J_{A44} > J_{A45}$，表明 G 企业总部对子公司 A 的监管在总部监管效率方面的效果比较好。并且以上评价结果符合本书选取算例的实际情况。

2. G 企业总部对子公司 B 的监管效果评价过程与结果

G 企业总部对子公司 B 监管效果的模糊集评价矩阵如表 6-10 所示。

表 6-10　　　　　　　算例 2 中专家对各指标的 Vague 值评语

一级指标	二级指标	各指标的 Vague 值评语				
		V_1	V_2	V_3	V_4	V_5
U_1	U_{11}	[0.25,0.35]	[0.20,0.30]	[0.20,0.30]	[0.15,0.25]	[0.10,0.20]
	U_{12}	[0.30,0.35]	[0.25,0.30]	[0.20,0.25]	[0.15,0.20]	[0.05,0.10]
	U_{13}	[0.25,0.35]	[0.20,0.30]	[0.20,0.30]	[0.15,0.25]	[0.10,0.20]
	U_{14}	[0.30,0.40]	[0.20,0.30]	[0.20,0.30]	[0.15,0.25]	[0.05,0.15]
U_2	U_{21}	[0.25,0.35]	[0.40,0.50]	[0.10,0.20]	[0.10,0.20]	[0.05,0.15]
	U_{22}	[0.45,0.50]	[0.20,0.25]	[0.20,0.20]	[0.10,0.15]	[0.00,0.05]
	U_{23}	[0.15,0.30]	[0.45,0.60]	[0.05,0.20]	[0.15,0.30]	[0.05,0.20]
U_3	U_{31}	[0.20,0.20]	[0.35,0.35]	[0.20,0.20]	[0.20,0.20]	[0.05,0.05]
	U_{32}	[0.15,0.25]	[0.45,0.55]	[0.20,0.30]	[0.10,0.20]	[0.00,0.10]
	U_{33}	[0.30,0.35]	[0.40,0.45]	[0.20,0.25]	[0.05,0.10]	[0.00,0.05]
	U_{34}	[0.05,0.15]	[0.40,0.50]	[0.30,0.40]	[0.15,0.25]	[0.00,0.10]
U_4	U_{41}	[0.15,0.25]	[0.40,0.50]	[0.25,0.35]	[0.05,0.15]	[0.05,0.15]
	U_{42}	[0.20,0.35]	[0.35,0.50]	[0.15,0.30]	[0.10,0.25]	[0.05,0.20]
	U_{43}	[0.05,0.10]	[0.25,0.30]	[0.45,0.50]	[0.20,0.25]	[0.00,0.05]

然后，通过有限和计算，可得子公司 B 受企业总部监管效果的 Vague 值综合评价结果，如表 6-11 所示。

按照表 6-11 计算的评价结果，可求出 G 企业总部对子公司 B 的监管效果对应评语等级的计分值，结果如表 6-12 所示。

表 6-11　　　　G 企业总部对子公司 B 监管效果 Vague 值综合评价结果

一级指标	二级指标	各指标的 Vague 值评语				
		V_1	V_2	V_3	V_4	V_5
U_1	U_{11}	[0.0210, 0.0294]	[0.0168, 0.0252]	[0.0168, 0.0252]	[0.0126, 0.0210]	[0.0084, 0.0168]
	U_{12}	[0.0230, 0.0268]	[0.0192, 0.0230]	[0.0153, 0.0192]	[0.0115, 0.0153]	[0.0038, 0.0077]
	U_{13}	[0.0110, 0.0154]	[0.0088, 0.0132]	[0.0088, 0.0132]	[0.0066, 0.0110]	[0.0044, 0.0088]
	U_{14}	[0.0277, 0.0370]	[0.0185, 0.0277]	[0.0185, 0.0277]	[0.0139, 0.0231]	[0.0046, 0.0139]
F_1		[0.0827, 0.1086]	[0.0632, 0.0891]	[0.0594, 0.0853]	[0.0446, 0.0704]	[0.0213, 0.0471]
U_2	U_{21}	[0.0228, 0.0319]	[0.0364, 0.0456]	[0.0091, 0.0182]	[0.0091, 0.0182]	[0.0046, 0.0137]
	U_{22}	[0.0421, 0.0468]	[0.0187, 0.0234]	[0.0187, 0.0228]	[0.0094, 0.0140]	[0.0000, 0.0047]
	U_{23}	[0.0172, 0.0344]	[0.0517, 0.0689]	[0.0057, 0.0182]	[0.0172, 0.0344]	[0.0057, 0.0230]
F_2		[0.0821, 0.1131]	[0.1068, 0.1378]	[0.0336, 0.0592]	[0.0357, 0.0667]	[0.0103, 0.0413]
U_3	U_{31}	[0.0129, 0.0129]	[0.0226, 0.0226]	[0.0129, 0.0129]	[0.0129, 0.0129]	[0.0032, 0.0032]
	U_{32}	[0.0075, 0.0125]	[0.0225, 0.0274]	[0.0100, 0.0150]	[0.0050, 0.0100]	[0.0000, 0.0050]
	U_{33}	[0.0134, 0.0157]	[0.0179, 0.0202]	[0.0090, 0.0112]	[0.0022, 0.0045]	[0.0000, 0.0022]
	U_{34}	[0.0042, 0.0126]	[0.0336, 0.0420]	[0.0252, 0.0336]	[0.0126, 0.0210]	[0.0000, 0.0084]
F_3		[0.0380, 0.0537]	[0.0966, 0.1122]	[0.0570, 0.0727]	[0.0327, 0.0484]	[0.0032, 0.0189]
U_4	U_{41}	[0.0085, 0.0142]	[0.0227, 0.0284]	[0.0142, 0.0198]	[0.0028, 0.0085]	[0.0028, 0.0085]
	U_{42}	[0.0071, 0.0125]	[0.0125, 0.0178]	[0.0053, 0.0107]	[0.0036, 0.0089]	[0.0018, 0.0071]
	U_{43}	[0.0034, 0.0068]	[0.0170, 0.0204]	[0.0306, 0.0341]	[0.0136, 0.0170]	[0.0000, 0.0034]
F_4		[0.0190, 0.0334]	[0.0522, 0.0666]	[0.0502, 0.0646]	[0.0200, 0.0344]	[0.0046, 0.0190]
F		[0.2218, 0.3087]	[0.3187, 0.4057]	[0.2002, 0.2817]	[0.1330, 0.2199]	[0.0394, 0.1263]

表 6-12　　　　G 企业总部对子公司 B 监管效果评语等级的计分值

评语等级	监管效果非常好（V_1）	监管效果比较好（V_2）	监管效果一般（V_3）	监管效果比较差（V_4）	监管效果非常差（V_5）
计分值	J_{B1}	J_{B2}	J_{B3}	J_{B4}	J_{B5}
计算结果	0.2429	0.3491	0.2179	0.1456	0.0431

根据计分值结果可知，$J_{B2} > J_{B1} > J_{B3} > J_{B4} > J_{B5}$，因此，该算例中企业总部对子公司 A 的监管效果比较好。进一步对其各个一级指标评语等级的计分值进行计算，结果如表 6-13 所示：

表 6-13　　　　G 企业总部对子公司 B 监管效果各维度评语等级的计分值

一级指标	监管效果非常好（V_1）	监管效果比较好（V_2）	监管效果一般（V_3）	监管效果比较差（V_4）	监管效果非常差（V_5）
子公司经营效益	0.0849	0.0649	0.0610	0.0457	0.0218
子公司管理能力	0.0847	0.1102	0.0344	0.0368	0.0106
子公司可持续发展能力	0.0386	0.0981	0.0579	0.0332	0.0033
总部监管效率	0.0193	0.0529	0.0509	0.0203	0.0047

根据表 6-13 可知，在子公司经营效益维度上，存在 $J_{B11} > J_{B12} > J_{B13} > J_{B14} >$

J_{B15}，表明 G 企业总部对子公司 B 的监管在经营效益水平方面效果非常好；在子公司管理能力维度上，存在 $J_{B22}>J_{B21}>J_{B24}>J_{B23}>J_{B25}$，表明 G 企业总部对子公司 B 的监管在子公司管理能力方面效果比较好；在子公司可持续发展能力维度上，存在 $J_{B32}>J_{B33}>J_{B31}>J_{B34}>J_{B35}$，表明 G 企业总部对子公司 A 的监管在子公司可持续发展能力方面的效果比较好。在总部监管效率维度上，存在 $J_{B42}>J_{B43}>J_{B44}>J_{B41}>J_{B45}$，表明 G 企业总部对子公司 A 的监管在总部监管效率方面的效果比较好。

3. G 企业总部对子公司 C 的监管效果评价过程与结果

同样对 G 企业总部对子公司 C 的监管效果进行分析，专家对各指标的模糊集评价矩阵及综合评价结果如表 6-14 和表 6-15 所示。

表 6-14 算例 3 中专家对各指标的 Vague 值评语

一级指标	二级指标	各指标的 Vague 值评语				
		V_1	V_2	V_3	V_4	V_5
U_1	U_{11}	[0.20,0.25]	[0.35,0.40]	[0.35,0.40]	[0.05,0.10]	[0.00,0.05]
	U_{12}	[0.25,0.25]	[0.35,0.35]	[0.30,0.30]	[0.10,0.10]	[0.00,0.00]
	U_{13}	[0.20,0.30]	[0.40,0.50]	[0.30,0.40]	[0.10,0.10]	[0.00,0.10]
	U_{14}	[0.15,0.15]	[0.45,0.45]	[0.30,0.30]	[0.10,0.10]	[0.00,0.00]
U_2	U_{21}	[0.15,0.20]	[0.30,0.35]	[0.30,0.35]	[0.15,0.20]	[0.05,0.10]
	U_{22}	[0.15,0.20]	[0.35,0.40]	[0.40,0.45]	[0.05,0.10]	[0.00,0.05]
	U_{23}	[0.45,0.55]	[0.30,0.40]	[0.15,0.25]	[0.00,0.10]	[0.00,0.10]
U_3	U_{31}	[0.10,0.15]	[0.15,0.20]	[0.30,0.35]	[0.35,0.40]	[0.05,0.10]
	U_{32}	[0.15,0.20]	[0.20,0.25]	[0.40,0.45]	[0.20,0.25]	[0.00,0.05]
	U_{33}	[0.25,0.30]	[0.25,0.30]	[0.30,0.30]	[0.10,0.15]	[0.00,0.05]
	U_{34}	[0.20,0.30]	[0.25,0.35]	[0.35,0.45]	[0.10,0.20]	[0.00,0.10]
U_4	U_{41}	[0.15,0.25]	[0.40,0.50]	[0.25,0.35]	[0.05,0.15]	[0.05,0.15]
	U_{42}	[0.00,0.05]	[0.25,0.30]	[0.40,0.45]	[0.30,0.35]	[0.00,0.05]
	U_{43}	[0.00,0.00]	[0.15,0.15]	[0.45,0.45]	[0.30,0.30]	[0.10,0.10]

表 6-15 G 企业总部对子公司 C 监管效果 Vague 值综合评价结果

一级指标	二级指标	各指标的 Vague 值评语				
		V_1	V_2	V_3	V_4	V_5
U_1	U_{11}	[0.0168,0.0210]	[0.0294,0.0336]	[0.0294,0.0336]	[0.0042,0.0084]	[0.0000,0.0042]
	U_{12}	[0.0192,0.0192]	[0.0268,0.0268]	[0.0230,0.0230]	[0.0077,0.0077]	[0.0000,0.0000]
	U_{13}	[0.0088,0.0132]	[0.0176,0.0221]	[0.0132,0.0176]	[0.0000,0.0044]	[0.0000,0.0044]
	U_{14}	[0.0139,0.0139]	[0.0416,0.0416]	[0.0277,0.0277]	[0.0092,0.0092]	[0.0000,0.0000]
F_1		[0.0586,0.0672]	[0.1154,0.1240]	[0.0933,0.1019]	[0.0211,0.0297]	[0.0000,0.0086]
U_2	U_{21}	[0.0137,0.0182]	[0.0273,0.0319]	[0.0273,0.0319]	[0.0137,0.0182]	[0.0046,0.0091]
	U_{22}	[0.0140,0.0187]	[0.0327,0.0374]	[0.0374,0.0410]	[0.0047,0.0094]	[0.0000,0.0047]
	U_{23}	[0.0517,0.0631]	[0.0344,0.0459]	[0.0172,0.0228]	[0.0000,0.0115]	[0.0000,0.0115]
F_2		[0.0794,0.1001]	[0.0945,0.1152]	[0.0820,0.0957]	[0.0183,0.0391]	[0.0046,0.0253]

续表

一级指标	二级指标	各指标的 Vague 值评语				
		V_1	V_2	V_3	V_4	V_5
U_3	U_{31}	[0.0065, 0.0097]	[0.0097, 0.0129]	[0.0194, 0.0226]	[0.0226, 0.0258]	[0.0032, 0.0065]
	U_{32}	[0.0075, 0.0100]	[0.0100, 0.0125]	[0.0200, 0.0225]	[0.0100, 0.0125]	[0.0000, 0.0025]
	U_{33}	[0.0112, 0.0134]	[0.0112, 0.0134]	[0.0134, 0.0157]	[0.0045, 0.0067]	[0.0022, 0.0045]
	U_{34}	[0.0168, 0.0252]	[0.0210, 0.0294]	[0.0294, 0.0378]	[0.0084, 0.0168]	[0.0000, 0.0084]
F_3		[0.0419, 0.0583]	[0.0519, 0.0682]	[0.0822, 0.0985]	[0.0454, 0.0618]	[0.0055, 0.0218]
U_4	U_{41}	[0.0085, 0.0142]	[0.0227, 0.0284]	[0.0142, 0.0198]	[0.0028, 0.0085]	[0.0028, 0.0085]
	U_{42}	[0.0000, 0.0018]	[0.0089, 0.0107]	[0.0142, 0.0160]	[0.0107, 0.0125]	[0.0000, 0.0018]
	U_{43}	[0.0085, 0.0160]	[0.0418, 0.0492]	[0.0591, 0.0665]	[0.0339, 0.0414]	[0.0096, 0.0171]
F_4		[0.0162, 0.0306]	[0.0488, 0.0632]	[0.0445, 0.0589]	[0.0285, 0.0429]	[0.0046, 0.0190]
F		[0.1884, 0.2415]	[0.3035, 0.3567]	[0.3165, 0.3626]	[0.1188, 0.1719]	[0.0197, 0.0728]

按照表 6-15 计算的评价结果，可求出 G 企业总部对子公司 C 的监管效果对应评语等级的计分值，结果如表 6-16 所示。

表 6-16　　　　　G 企业总部对子公司 C 监管效果评语等级的计分值

评语等级	监管效果非常好（V_1）	监管效果比较好（V_2）	监管效果一般（V_3）	监管效果比较差（V_4）	监管效果非常差（V_5）
计分值	J_{C1}	J_{C2}	J_{C3}	J_{C4}	J_{C5}
计算结果	0.1990	0.3206	0.3318	0.1255	0.0208

根据计分值结果可知，$J_{C3}>J_{C2}>J_{C1}>J_{C4}>J_{C5}$，因此，G 企业总部对子公司 C 的监管效果一般。进一步可计算该算例中各一级指标评语等级的计分值，结果如表 6-17 所示。

表 6-17　　　　　G 企业总部对子公司 C 监管效果各维度评语等级的计分值

一级指标	监管效果非常好（V_1）	监管效果比较好（V_2）	监管效果一般（V_3）	监管效果比较差（V_4）	监管效果非常差（V_5）
子公司经营效益	0.0591	0.1164	0.0941	0.0213	0.0000
子公司管理能力	0.0810	0.0965	0.0831	0.0187	0.0047
子公司可持续发展能力	0.0426	0.0527	0.0835	0.0462	0.0056
总部监管效率	0.0086	0.0421	0.0595	0.0342	0.0097

根据表 6-17 可知，在子公司经营效益维度上，存在 $J_{C12}>J_{C13}>J_{C11}>J_{C14}>J_{C15}$，表明 G 企业总部对子公司 B 的监管在经营效益水平方面效果比较好；在子公司管理能力维度上，存在 $J_{C22}>J_{C23}>J_{C21}>J_{C24}>J_{C25}$，表明 G 企业总部对子公司 B 的监管在子公司管理能力方面效果比较好；在子公司可持续发展能力维度上，存在 $J_{C33}>J_{C32}>J_{C34}>J_{C31}>J_{C35}$，表明 G 企业总部对子公司 A 的监管在子公司可持续发展能力方面的效果一般。在总部监管效率维度上，存在 $J_{C43}>J_{C42}>J_{C44}>J_{C45}$

$>J_{C41}$ 表明 G 企业总部对子公司 A 的监管在总部监管效率方面的效果一般。

6.3.4　不同算例结果对比

为更清晰的对比分析 G 企业总部对各子公司监管效果的评价结果，按照参考文献［115］的做法，对指标的评价等级设置相应的评分，如表 6-18 所示。

表 6-18　　　　　　　　　　　不同评价等级的量化标准

评级等级	V_1	V_2	V_3	V_4	V_5
分值	100	80	60	40	20

用上文中计算得到的各评语等级的计分值与对应等级的评分值相乘，如式（6-24）所示，可对等级的计分值各算例的综合评价结果及各维度的评价结果进行量化。

$$J^* = 100 \times J_1 + 80 \times J_2 + 60 \times J_3 + 40 \times J_4 + 20 \times J_5 \qquad (6-24)$$

例如：子公司 B 总体上得到的各评语等级的计分值分别为 $J_{B1}=0.2429$、$J_{B2}=0.3491$、$J_{B3}=0.2179$、$J_{B4}=0.1456$、$J_{B5}=0.0431$，则其量化后的结果为 $J_B^*=100 \times 0.2429+80 \times 0.3491+60 \times 0.2179+40 \times 0.1456+20 \times 0.0431=71.9849$。需要注意的是，一级指标的量化结果需要对各一级指标进行归一化处理后，再将其计分值与对应评分值相乘。由此计算得到三个算例总体及各维度计分值量化结果，如表 6-19 所示。

表 6-19　　　　　　　　各子公司不同维度的评语等级量化结果

	整体 监管效果	子公司 经营效益	子公司 管理能力	子公司可持续 发展能力	总部 监管效率
子公司 A	77.2935	76.9919	73.6644	74.7244	75.0847
子公司 B	71.9849	66.0156	70.2684	68.1816	63.1212
子公司 C	70.8826	73.1347	72.3104	63.5295	58.3424

为了进一步对比各算例在不同维度的评价结果，将各子公司的整体评价与各一级指标维度的评价等级、评价得分分别展示在图 6-3 与图 6-4 中。

由下图可知，从整体效果来看，尽管 G 企业总部对子公司 A 和子公司 B 均处于监管效果比较好的等级，但其评分相差 5.3 分，表明二者的监管效果存在一定的差距。而总部对子公司 C 的监管虽然处于效果一般的等级，但其得分与子公司 B 仅差 1.1 分，表明二者的监管效果相差甚微，子公司 B 的监管效果实际上属于"较好偏一般"。具体从一级指标维度来看，从事金融服务的公司 A 经营效益水平明显优于公司 B 和公司 C，此外，实施财务型监管模式的公司 A 需要独自面临市场竞争，其公司管理能力、可持续发展能力也明显优于公司 B 和 C，加之总部对其监管的内容较少，总部也拥有更好的监管效率。本章算例 1 中，总部对公司 A 的监管在各个维度基本均衡，属于较为成熟的监管模式。

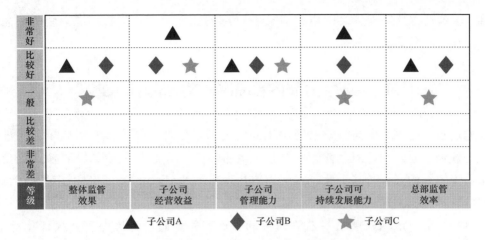

图 6-3　G 企业总部对不同子公司监管效果的评价等级

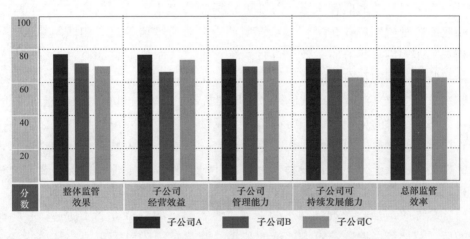

图 6-4　G 企业总部对不同子公司监管效果的评价得分

相比之下，从事科技研发业务的公司 B 在 G 企业内部本身就属于成本型企业，其经营效益也最低。此外，虽然总部对其采取战略型监管模式，但其成立时间较短，公司管理能力整体不甚理想，可能会存在难以匹配战略型监管模式要求的情况出现。因此，G 企业总部应加强对 B 公司管理能力建设的监管，推动 B 公司尽快完善企业制度与科技项目管理办法，激发科研人员创新创效活力，并提升公司管理的规范性与高效性，从而为总部战略发展提供有效的技术和智慧支撑。

公司 C 属于运营型监管模式，因此其对总部资源的依赖最大，在企业总部的支持下，尽管其获得了较好的经济效益，内部管理体系建设也整体较为完善。但与此同时，总部对其企业运行的过多干预一方面可能导致子公司实际业务工作中束手束脚，流程、机制僵化问题严重，从而削弱了其对接外界市场，实现可持续发展的能力；另一方面，总部对其业务运行的监管也耗费了总部较高的精力。因此，随着国有企业改革的深入，G 企业总部应当适当放宽监管，给予 C 公司更多经营的灵活性，同样，C 公司也需要逐步尝试拓展 G 企业外部的业务渠道，为自己谋取新的利润增长点与核心竞争力。

6.4 国有企业内部监管效果提升的建议

通过对上述算例中监管效果的对比分析可知，尽管不同总部对不同子公司进行监管的效果千差万别，但具体到一级指标的维度上时，总部采取的监管模式仍会影响其监管效果的好坏。基于此，本节内容从监管效果评价的维度出发，对国有企业内部监管提出相关建议。

（1）总部应定期开展自身监管效果的评价工作。通过开展监管效果评价活动，能够有效反应总部监管目标是否实现、子公司发展态势是否良好、总部监管效率是否提升。为了提升总部监管水平，总部可根据监管模式与监管内容，对不同子公司设定相应的监管周期，并在每一个监管周期结束时，邀请第三方团队与总部、子公司的相关工作人员一起对监管效果进行系统评价，从而找到总部监管过程中与子公司在落实监管过程中存在的问题。

（2）总部应建立监管效果评价结果的反馈机制。在对总部监管效果进行评价后，应当建立评价结果的反馈机制，将评价结果反馈总部与子公司领导，从而为下一周期监管效果的改进提供引导性作用。具体而言，针对监管效果表现好的情况，可以对总部相关部门及子公司进行表彰，同样，针对监管效果不理想情况，要建立追溯问责机制，提高总部监管部门的积极性，与子公司落实监管意愿的自觉性。

（3）总部应结合监管效果动态调整其监管策略。如本章 6.3.4 所述，在一个监管周期后，总部可根据监管效果评价的结果，调整对子公司采用的监管模式和监管策略。如实施运营型监管模式的子公司，当其经营效益、管理能力都处于较高水平时，总部可对其进行松绑，允许其在一定范围内自主决策，提高其经营活力与自主抵抗市场风险的能力。实施财务型监管模式或战略型监管模式的子公司，若其内部管理能力不足，总部可加强对其监管力度，调整对其监管的重点，并可尝试在一定程度内对其业务、人事进行干涉，以提升公司的管理能力，保障其经营发展的可持续性。

（4）子公司应参照评价结果改进自身的短板。与总部类似，子公司在一个监管周期后，可根据监管效果评价的结果，分析自身在一个监管周期内存在的优势与不足，针对表现良好的方面，可向总部争取新的资源支持与授权事项，推动自身的业务运营的进一步发展；针对存在明显不足的方面，应加强与总部的沟通，向总部反馈自身面临的内部外部环境与资源配置情况，了解总部的监管意愿，并在下一个监管周期内强化相关方面的管理措施，弥补自身发展短板。

第7章

研究结论

随着国有企业面临的国内外竞争环境日趋激烈，国有企业现代企业制度仍不健全、国有资产监管体制尚不完善等问题逐步凸显，制约了国有企业效率的进一步提升，也阻碍了国有资本的保值增值。2015年8月24日，中共中央、国务院印发了《关于深化国有企业改革的指导意见》，明确了"以管资产为主"的国有资本监管体制改革与现代化企业制度建设的任务要求，也拉开了新一轮国有企业改革的序幕。在新一轮国有企业改革的背景下，完善企业总部与子公司的监管机制成为提高企业经营效率、防止国有资产流失的关键保障。然而我国国有企业长期处于行政性上下级隶属关系，国有企业总部具有机关化的高度集权特征，导致了国有企业内部管理效率、资源配置效率的有限性，违背了新一轮国有企业改革释放企业经营活力的导向。建立国有企业内部的新型监管机制，不仅是国有企业改革进程中承上启下的关键环节，更是国有企业激发子公司经营活力，提高企业内部管理效率，防止国有资产流失的重要手段。基于此，本书立足于国有企业改革的政策要求，围绕国有企业内部的监管模式与内容、监管策略选择、决策权配置与监管效果评价四个方面，展开了国企改革背景下企业总部对子公司新型监管机制的研究。本书的主要研究结论具体如下。

（1）提出了国有企业子公司分类及其对应的监管模式，为构建国有企业内部新型监管机制奠定了基础。通过明确国企改革背景下国有企业总部及子公司的职能定位，并从业务类型与股权结构两个维度出发，将国有企业子公司划分为国有独资竞争型商业类、国有独资垄断型商业类、国有独资服务型公益类、绝对控股竞争型商业类、绝对控股垄断型商业类、绝对控股服务型公益类、相对控股竞争型商业类、相对控股垄断型商业类、相对控股服务型公益类共9种类型。在此基础上，提出了不同类型子公司与财务型监管模式、财务—战略型监管模式、战略型监管模式、战略—运营型监管模式、运营型监管模式之间的对应关系，并明确了不同监管模式下国有企业内部的监管内容。与现有文献主要关注市场化程度较高的国有上市公司相比，本书考虑了新一轮国有企业改革对国有企业分类的要求，并全面、系统地分析了总部对不同类型子公司的监管模式与监管内容，具有一定的创新性。

（2）构建了国有企业内部监管的演化博弈模型，为总部监管策略的选择提供了科学方法。本书考虑了国有企业内部监管时双方的动态博弈过程，构建了演化博弈模型，分析了双方的最优均衡策略组合。并设计了不同监管模式下的演化博弈算例，通过算例仿真与参数敏感性分析，挖掘了影响总部与子公司策略选择的关键因素。与现有研究仅聚焦于单一监管领域的策略或仅构建博弈模型而未进行算例仿真的现状相比，本书考虑了国企改革背景下国有企业内部不同监管模式的特性，并通过算例仿真验证了模型有效性、挖掘了影响监管过程中双方策略选择的关键因素，能够为国有企业总部选择合适的监管策略提供更加直接、有价值的参考，具有一定的创新性。

（3）构建了国有企业内部监管的 J-M 决策权配置模型，为总部与子公司间决策权的配置提供了有效依据。本书针对国有企业内部实施监管过程中的决策权配置问题，建立了决策权配置中的信息成本、代理成本、时间成本函数，构建了基于决策成本最优的 J-M 决策权配置模型。并通过进行"同一监管模式不同监管事项"与"不同监管模式同一监管事项"的 9 个算例仿真，挖掘了影响决策权配置的关键因素。与现有研究基于实证分析侧面反映决策权配置合理性或仅建立 J-M 决策权配置模型而未进行算例验证的现状相比，本书聚焦于决策权配置的问题，考虑了国有企业内部不同监管模式、不同监管事项的决策权配置差异，并进行了算例仿真验证了模型的有效性，挖掘了影响决策权配置的关键因素，能够为国有企业总部和子公司的决策权配置提供更加精准的决策依据，具有一定的创新性。

（4）构建了国有企业内部监管效果的综合评价模型，为监管机制的动态优化提供了关键支撑。本书结合国有企业内部的监管内容，以及影响总部监管策略和决策权配置的关键因素，运用 Fuzzy-Delphi 方法筛选了评价指标，建立了国有企业内部监管效果的评价指标体系。在此基础上建立了基于 DEMATEL-ANP 的指标赋权模型和基于 Vague 集的模糊综合评价模型，并选取 G 企业及其下属的 3 家子公司开展实证分析。与现有文献通过实证分析侧面反映国有企业总部对子公司在特定领域的管控效果相比，本书将综合评价理论引入国有企业内部监管机制的研究中，不仅构建了全面反映总部监管效果的评价方法，更有助于企业总部动态调整监管机制，促进监管效果的持续改善，具有一定的创新性。

（5）提出了国有企业内部的新型监管机制，能够为国有企业落实"管资本为主"的改革要求提供决策参考。如前文所述，本书在对国有企业子公司进行分类的基础上，系统研究了总部对子公司的分类监管模式、监管策略选择、决策权配置与监管效果的评价，最终形成了一套能够有效闭环的监管机制，不仅丰富了国有企业治理的相关研究框架，还有助于国有企业落实"管资本"为主的政策要求，推动总部深化"去机关化"改革，提升企业管理能力与国有资本运营效率。

综上所述，本书从监管模式、监管内容、监管策略选择、决策权配置与监管效果等维度出发，构建起了一套适应新一轮国有企业改革要求的企业总部对子公司新型监管机制，丰富了国有企业治理的研究框架，能够为国有企业总部提升监管效率，打造价值型总部，激发子公司经营活力提供科学参考。但与此同时，需要意识到本书的研究成果与结论具有阶段性，随着国有企业改革的不断深化，国有企业内部监管机制的完善仍需要持续的理论创新与实践探索的支撑，本书的研究也有进一步提升空间，主要包括：

（1）由于当前垄断型商业类与服务型公益类国有企业都不能采用国有资本参股的股权结构，本书划分国有企业子公司类型及界定监管模式与监管内容时，并未考虑国有参股的竞争型商业类子公司、垄断型商业类子公司与服务型公益类子公司。但随着国有企业混合所有制改革的不断深化，国有企业引入社会资本的比例将不断提高，垄断型商业类与服务型公益类国有企业都可能进一步探索国有资本参股的模式，导致子公司类型的增加。基于此，在后续研究中，本书将进一步探索上述子公司的混合所有制改革方式，并对监管特性进行剖析，构建相应的监管机制。

（2）在国有企业内部监管策略选择的研究中，本书主要关注了总部对单一子公司监管的策略选择问题，未考虑多个总部同时对多个子公司进行监管时的监管成本配置与约束。在后续的研究中，本书将考虑"1 个总部，多个子公司"的情形，构建多主体演化博弈模型，从而为国有企业总部监管策略选择提供更深层次的参考。

附　录

国务院关于推进国有资本投资、运营公司
改革试点的实施意见

国发〔2018〕23 号

各省、自治区、直辖市人民政府，国务院各部委、各直属机构：

改组组建国有资本投资、运营公司，是以管资本为主改革国有资本授权经营体制的重要举措。按照《中共中央 国务院关于深化国有企业改革的指导意见》《国务院关于改革和完善国有资产管理体制的若干意见》有关要求和党中央、国务院工作部署，为加快推进国有资本投资、运营公司改革试点工作，现提出以下实施意见。

一、总体要求

（一）指导思想。

全面贯彻党的十九大和十九届二中、三中全会精神，以习近平新时代中国特色社会主义思想为指导，坚持社会主义市场经济改革方向，坚定不移加强党对国有企业的领导，着力创新体制机制，完善国有资产管理体制，深化国有企业改革，促进国有资产保值增值，推动国有资本做强做优做大，有效防止国有资产流失，切实发挥国有企业在深化供给侧结构性改革和推动经济高质量发展中的带动作用。

（二）试点目标。

通过改组组建国有资本投资、运营公司，构建国有资本投资、运营主体，改革国有资本授权经营体制，完善国有资产管理体制，实现国有资本所有权与企业经营权分离，实行国有资本市场化运作。发挥国有资本投资、运营公司平台作用，促进国有资本合理流动，优化国有资本投向，向重点行业、关键领域和优势企业集中，推动国有经济布局优化和结构调整，提高国有资本配置和运营效率，更好服务国家战略需要。试点先行，大胆探索，及时研究解决改革中的重点难点问题，尽快形成可复制、可推广的经验和模式。

（三）基本原则。

坚持党的领导。建立健全中国特色现代国有企业制度，把党的领导融入公司治理各环节，把企业党组织内嵌到公司治理结构之中，明确和落实党组织在公司法人治理结构中的法定地位，充分发挥党组织的领导作用，确保党和国家方针政策、重大决策部署的贯彻执行。

坚持体制创新。以管资本为主加强国有资产监管，完善国有资本投资运营的市场化机制。科学合理界定政府及国有资产监管机构，国有资本投资、运营公司和所

持股企业的权利边界，健全权责利相统一的授权链条，进一步落实企业市场主体地位，培育具有创新能力和国际竞争力的国有骨干企业。

坚持优化布局。通过授权国有资本投资、运营公司履行出资人职责，促进国有资本合理流动，优化国有资本布局，使国有资本投资、运营更好地服务于国家战略目标。

坚持强化监督。正确处理好授权经营和加强监督的关系，明确监管职责，构建并强化政府监督、纪检监察监督、出资人监督和社会监督的监督体系，增强监督的协同性、针对性和有效性，防止国有资产流失。

二、试点内容

（一）功能定位。

国有资本投资、运营公司均为在国家授权范围内履行国有资本出资人职责的国有独资公司，是国有资本市场化运作的专业平台。公司以资本为纽带、以产权为基础依法自主开展国有资本运作，不从事具体生产经营活动。国有资本投资、运营公司对所持股企业行使股东职责，维护股东合法权益，以出资额为限承担有限责任，按照责权对应原则切实承担优化国有资本布局、提升国有资本运营效率、实现国有资产保值增值等责任。

国有资本投资公司主要以服务国家战略、优化国有资本布局、提升产业竞争力为目标，在关系国家安全、国民经济命脉的重要行业和关键领域，按照政府确定的国有资本布局和结构优化要求，以对战略性核心业务控股为主，通过开展投资融资、产业培育和资本运作等，发挥投资引导和结构调整作用，推动产业集聚、化解过剩产能和转型升级，培育核心竞争力和创新能力，积极参与国际竞争，着力提升国有资本控制力、影响力。

国有资本运营公司主要以提升国有资本运营效率、提高国有资本回报为目标，以财务性持股为主，通过股权运作、基金投资、培育孵化、价值管理、有序进退等方式，盘活国有资产存量，引导和带动社会资本共同发展，实现国有资本合理流动和保值增值。

（二）组建方式。

按照国家确定的目标任务和布局领域，国有资本投资、运营公司可采取改组和新设两种方式设立。根据国有资本投资、运营公司的具体定位和发展需要，通过无偿划转或市场化方式重组整合相关国有资本。

划入国有资本投资、运营公司的资产，为现有企业整体股权（资产）或部分股权。股权划入后，按现行政策加快剥离国有企业办社会职能和解决历史遗留问题，采取市场化方式处置不良资产和业务等。股权划入涉及上市公司的，应符合证券监管相关规定。

（三）授权机制。

按照国有资产监管机构授予出资人职责和政府直接授予出资人职责两种模式开

展国有资本投资、运营公司试点。

1. 国有资产监管机构授权模式。政府授权国有资产监管机构依法对国有资本投资、运营公司履行出资人职责；国有资产监管机构根据国有资本投资、运营公司具体定位和实际情况，按照"一企一策"原则，授权国有资本投资、运营公司履行出资人职责，制定监管清单和责任清单，明确对国有资本投资、运营公司的监管内容和方式，依法落实国有资本投资、运营公司董事会职权。国有资本投资、运营公司对授权范围内的国有资本履行出资人职责。国有资产监管机构负责对国有资本投资、运营公司进行考核和评价，并定期向本级人民政府报告，重点说明所监管国有资本投资、运营公司贯彻国家战略目标、国有资产保值增值等情况。

2. 政府直接授权模式。政府直接授权国有资本投资、运营公司对授权范围内的国有资本履行出资人职责。国有资本投资、运营公司根据授权自主开展国有资本运作，贯彻落实国家战略和政策目标，定期向政府报告年度工作情况，重大事项及时报告。政府直接对国有资本投资、运营公司进行考核和评价等。

（四）治理结构。

国有资本投资、运营公司不设股东会，由政府或国有资产监管机构行使股东会职权，政府或国有资产监管机构可以授权国有资本投资、运营公司董事会行使股东会部分职权。按照中国特色现代国有企业制度的要求，国有资本投资、运营公司设立党组织、董事会、经理层，规范公司治理结构，建立健全权责对等、运转协调、有效制衡的决策执行监督机制，充分发挥党组织的领导作用、董事会的决策作用、经理层的经营管理作用。

1. 党组织。把加强党的领导和完善公司治理统一起来，充分发挥党组织把方向、管大局、保落实的作用。坚持党管干部原则与董事会依法产生、董事会依法选择经营管理者、经营管理者依法行使用人权相结合。按照"双向进入、交叉任职"的原则，符合条件的党组织领导班子成员可以通过法定程序进入董事会、经理层，董事会、经理层成员中符合条件的党员可以依照有关规定和程序进入党组织领导班子。党组织书记、董事长一般由同一人担任。对于重大经营管理事项，党组织研究讨论是董事会、经理层决策的前置程序。国务院直接授权的国有资本投资、运营公司，应当设立党组。纪检监察机关向国有资本投资、运营公司派驻纪检监察机构。

2. 董事会。国有资本投资、运营公司设立董事会，根据授权，负责公司发展战略和对外投资，经理层选聘、业绩考核、薪酬管理，向所持股企业派出董事等事项。董事会成员原则上不少于9人，由执行董事、外部董事、职工董事组成。保障国有资本投资、运营公司按市场化方式选择外部董事等权利，外部董事应在董事会中占多数，职工董事由职工代表大会选举产生。董事会设董事长1名，可设副董事长。董事会下设战略与投资委员会、提名委员会、薪酬与考核委员会、审计委员会、风险控制委员会等专门委员会。专门委员会在董事会授权范围内开展相关工作，协助董事会履行职责。

国有资产监管机构授权的国有资本投资、运营公司的执行董事、外部董事由国有资产监管机构委派。其中，外部董事由国有资产监管机构根据国有资本投资、运营公司董事会结构需求，从专职外部董事中选择合适人员担任。董事长、副董事长由国有资产监管机构从董事会成员中指定。

政府直接授权的国有资本投资、运营公司执行董事、外部董事（股权董事）由国务院或地方人民政府委派，董事长、副董事长由国务院或地方人民政府从董事会成员中指定。其中，依据国有资本投资、运营公司职能定位，外部董事主要由政府综合管理部门和相关行业主管部门提名，选择专业人士担任，由政府委派。外部董事可兼任董事会下属专门委员会主席，按照公司治理结构的议事规则对国有资本投资、运营公司的重大事项发表相关领域专业意见。

政府或国有资产监管机构委派外部董事要注重拓宽外部董事来源，人员选择要符合国有资本投资、运营公司定位和专业要求，建立外部董事评价机制，确保充分发挥外部董事作用。

3. 经理层。国有资本投资、运营公司的经理层根据董事会授权负责国有资本日常投资运营。董事长与总经理原则上不得由同一人担任。

国有资产监管机构授权的国有资本投资、运营公司党组织隶属中央、地方党委或国有资产监管机构党组织管理，领导班子及其成员的管理，以改组的企业集团为基础，根据具体情况区别对待。其中，由中管企业改组组建的国有资本投资、运营公司，领导班子及其成员由中央管理；由非中管的中央企业改组组建或新设的国有资本投资、运营公司，领导班子及其成员的管理按照干部管理权限确定。

政府直接授权的国有资本投资、运营公司党组织隶属中央或地方党委管理，领导班子及其成员由中央或地方党委管理。

国有资本投资、运营公司董事长、董事（外部董事除外）、高级经理人员，原则上不得在其他有限责任公司、股份有限公司或者其他经济组织兼职。

（五）运行模式。

1. 组织架构。国有资本投资、运营公司要按照市场化、规范化、专业化的管理导向，建立职责清晰、精简高效、运行专业的管控模式，分别结合职能定位具体负责战略规划、制度建设、资源配置、资本运营、财务监管、风险管控、绩效评价等事项。

2. 履职行权。国有资本投资、运营公司应积极推动所持股企业建立规范、完善的法人治理结构，并通过股东大会表决、委派董事和监事等方式行使股东权利，形成以资本为纽带的投资与被投资关系，协调和引导所持股企业发展，实现有关战略意图。国有资本投资、运营公司委派的董事、监事要依法履职行权，对企业负有忠实义务和勤勉义务，切实维护股东权益，不干预所持股企业日常经营。

3. 选人用人机制。国有资本投资、运营公司要建立派出董事、监事候选人员库，由董事会下设的提名委员会根据拟任职公司情况提出差额适任人选，报董事会审议、任命。同时，要加强对派出董事、监事的业务培训、管理和考核评价。

4. 财务监管。国有资本投资、运营公司应当严格按照国家有关财务制度规定，加强公司财务管理，防范财务风险。督促所持股企业加强财务管理，落实风险管控责任，提高运营效率。

5. 收益管理。国有资本投资、运营公司以出资人身份，按照有关法律法规和公司章程，对所持股企业的利润分配进行审议表决，及时收取分红，并依规上交国有资本收益和使用管理留存收益。

6. 考核机制。国有资本投资公司建立以战略目标和财务效益为主的管控模式，对所持股企业考核侧重于执行公司战略和资本回报状况。国有资本运营公司建立财务管控模式，对所持股企业考核侧重于国有资本流动和保值增值状况。

（六）监督与约束机制。

1. 完善监督体系。整合出资人监管和审计、纪检监察、巡视等监督力量，建立监督工作会商机制，按照事前规范制度、事中加强监控、事后强化问责的原则，加强对国有资本投资、运营公司的统筹监督，提高监督效能。纪检监察机构加强对国有资本投资、运营公司党组织、董事会、经理层的监督，强化对国有资本投资、运营公司领导人员廉洁从业、行使权力等的监督。国有资本投资、运营公司要建立内部常态化监督审计机制和信息公开制度，加强对权力集中、资金密集、资源富集、资产聚集等重点部门和岗位的监管，在不涉及国家秘密和企业商业秘密的前提下，依法依规、及时准确地披露公司治理以及管理架构、国有资本整体运营状况、关联交易、企业负责人薪酬等信息，建设阳光国企，主动接受社会监督。

2. 实施绩效评价。国有资本投资、运营公司要接受政府或国有资产监管机构的综合考核评价。考核评价内容主要包括贯彻国家战略、落实国有资本布局和结构优化目标、执行各项法律法规制度和公司章程，重大问题决策和重要干部任免，国有资本运营效率、保值增值、财务效益等方面。

三、实施步骤

国有资本投资、运营公司试点工作应分级组织、分类推进、稳妥开展，并根据试点进展情况及时总结推广有关经验。中央层面，继续推进国有资产监管机构授权的国有资本投资、运营公司深化试点，并结合本实施意见要求不断完善试点工作。同时推进国务院直接授权的国有资本投资、运营公司试点，选择由财政部履行国有资产监管职责的中央企业以及中央党政机关和事业单位经营性国有资产集中统一监管改革范围内的企业稳步开展。地方层面，试点工作由各省级人民政府结合实际情况组织实施。

四、配套政策

（一）推进简政放权。围绕落实出资人职责的定位，有序推进对国有资本投资、运营公司的放权。将包括国有产权流转等决策事项的审批权、经营班子业绩考核和薪酬管理权等授予国有资本投资、运营公司，相关管理要求和运行规则通过公司组建方案和公司章程予以明确。

（二）综合改革试点。国有资本投资、运营公司所持股国有控股企业中，符合条件的可优先支持同时开展混合所有制改革、混合所有制企业员工持股、推行职业经理人制度、薪酬分配差异化改革等其他改革试点，充分发挥各项改革工作的综合效应。

（三）完善支持政策。严格落实国有企业重组整合涉及的资产评估增值、土地变更登记和国有资产无偿划转等方面税收优惠政策。简化工商税务登记、变更程序。鼓励国有资本投资、运营公司妥善解决历史遗留问题、处置低效无效资产。制定国有资本投资、运营公司的国有资本经营预算收支管理政策。

五、组织实施

加快推进国有资本投资、运营公司改革试点，是深化国有企业改革的重要组成部分，是改革和完善国有资产管理体制的重要举措。国务院国有企业改革领导小组负责国有资本投资、运营公司试点工作的组织协调和督促落实。中央组织部、国家发展改革委、财政部、人力资源社会保障部、国务院国资委等部门按照职责分工制定落实相关配套措施，密切配合、协同推进试点工作。中央层面的国有资本投资、运营公司试点方案，按程序报党中央、国务院批准后实施。

各省级人民政府对本地区国有资本投资、运营公司试点工作负总责，要紧密结合本地区实际情况，制定本地区国有资本投资、运营公司改革试点实施方案，积极稳妥组织开展试点工作。各省级人民政府要将本地区改革试点实施方案报国务院国有企业改革领导小组备案。

国务院

2018 年 7 月 14 日

参 考 文 献

［1］　Baglieri E，Bruno M，Vasconcellos E，et al．The parent-subsidiary relationship．International technology cooperation：the Fiat auto case［J］．INMR-Innovation & Management Review，2010，7（3）：198-218.

［2］　王小爽．企业集团母子公司利益冲突与协调探析［J］．中国集体经济，2022（05）：42-43.

［3］　谢玲．企业和集团母、子公司的利益冲突与协调对策分析［J］．中国产经，2021（24）：84-86.

［4］　Kostova T，Nell P C，Hoenen A K．Understanding agency problems in headquarters-subsidiary relationships in multinational corporations：A contextualized model［J］．Journal of Management，2018，44（7）：2611-2637.

［5］　黄志全．集团公司与子公司管理关系的若干思考［J］．赤子（上中旬），2015（15）：203-203.

［6］　He S，Khan Z．Subsidiary Capability Upgrading and Parent-Subsidiary Relationship：Insights from a Chinese Acquisition in the United Kingdom［M］//The Future of Global Organizing．Emerald Group Publishing Limited，2015：127-141.

［7］　Zhou N，Li J，Bai C，etl．From Learner to Innovator：Knowledge Transfer from a Parent MNE and Foreign Subsidiaries' Local Innovation［J］．Management International Review，2023（08）：1007-1022.

［8］　Konara P，Batsakis G，Shirodkar V．"Distance" in intellectual property protection and MNEs' foreign subsidiary innovation performance［J］．Journal of Product Innovation Management，2022，39（4）：534-558.

［9］　Wang S Q，Zhang S，Shang G Y．Impact of Subsidiary TMT Network Attention on Innovation：The Moderating Role of Subsidiary Autonomy［J］．Management and Organization Review，2022，18（6）：1077-1115.

［10］　Zhou N，Wang H．Foreign subsidiary CSR as a buffer against parent firm reputation risk［J］．Journal of International Business Studies，2020，51（8）：1256-1282.

［11］　任有福．国有企业集团治理：基于母子公司关系的视角［J］．煤炭工程，2012（S1）：10-14.

［12］　Kostova T，Marano V，Tallman S．Headquarters-subsidiary relationships in MNCs：Fifty years of evolving research［J］．Journal of World Business，2016，51（1）：176-184.

［13］　王昶，徐尖，万剑．网络嵌入视角下的集团总部理论研究［J］．管理评论，2015，27（12）：164-170.

［14］　侯仕军．伙伴化：跨国企业母子公司关系新模式［J］．国际经济合作，2015（7）：63-67.

［15］　Yeonmin C．A study on the employer status of the parent company in the public sector's parent companies-subsidiaries relationship［J］．Labor Law Review，2021（50）：121-169.

［16］ 王红英. 基于公司治理的企业集团内部审计研究——以 L 集团为例［D］. 山东大学，2015.

［17］ 尹帮进. 关于企业集团治理结构与资金集中管理的问题探讨［J］. 财经界（学术版），2015（15）：202-202.

［18］ Farah B，Chakravarty D，Dau L A，etl. Multinational enterprise parent-subsidiary governance and survival［J］. Journal of World Business，2022，57（2）：101271.

［19］ 邓森林. 全面预算管理视角下集团企业内部控制问题探讨［J］. 财会通讯，2017（11）：123-124.

［20］ 朱继超，刘会燕，牟文君. 企业集团内部审计规范体系建设——以中广核集团内部审计为例［J］. 中国集体经济，2015（24）：41-42.

［21］ Pudelko M，Tenzer H. Subsidiary control in Japanese，German and US multinational corporations：Direct control from headquarters versus indirect control through expatriation［J］. Asian Business & Management，2013，12（4）：409-431.

［22］ McCahery J A，Sautner Z，Starks L T. Behind the scenes：The corporate governance preferences of institutional investors［J］. The Journal of Finance，2016，71（6）：2905-2932.

［23］ De Haan J，Vlahu R. Corporate governance of banks：A survey［J］. Journal of Economic Surveys，2016，30（2）：228-277.

［24］ Akhmetshin E M，Vasilev V L，Mironov D S，et al. Internal control system in enterprise management：Analysis and interaction matrices［J］. European Research Studies Journal，2018，21（2）：728-740.

［25］ Wang L. Research on Internal Control Construction System of Energy-based Enterprises Based on COSO and Financial Quality［C］//IOP Conference Series：Earth and Environmental Science. IOP Publishing，2019，252（3）：032062.

［26］ Zhao T，Li C，Zhang B. The effect of the industrial networks within business groups on the quality of accounting information：evidence from China［J］. Applied Economics Letters，2024，31（5）：432-449.

［27］ Yu Y，Jia X，Qi H. Parent company board reform and subsidiary optimization of cash holdings：A quasi-natural experiment from central state-owned enterprises in China［J］. Research in International Business and Finance，2023，66：102058.

［28］ Ambos T C，Birkinshaw J. Headquarters' attention and its effect on subsidiary performance［J］. Management international review，2010，50（4）：449-469.

［29］ 魏文. 国有企业集团对境外子公司的财务监管［J］. 商业文化，2021，（24）：86-87.

［30］ Wang L，Zhang C. Do emerging market multinational corporations headquarter-subsidiary relationships foster subsidiary innovation and performance in developed markets？［J］. Industrial Marketing Management，2023，114：47-63.

［31］ Asakawa K，Aoki T. Informed headquarters，legitimized subsidiary，and reduced level of subsidiary control in international R&D management［M］//Perspectives on Headquarters-subsidiary Relationships in the Contemporary MNC. Emerald Group Publishing Limited，2016：191-213.

[32] Li Y，Yin Y，Wang Y. A Supervision Model for Senior Managers of Public State-Owned Enterprises［C］//2018 International Conference on Sports，Arts，Education and Management Engineering (SAEME 2018). Atlantis Press，2018.

[33] 刘凯. 集团管控：集团战略的"大管家"［J］. 中国邮政，2012（8）：52-53.

[34] 张龙珠，吴春梅. 浅议集团管控风险的应对策略——以 Z 公司优化管控模式为例［J］. 广西教育学院学报，2016，（3）：94-96，135.

[35] 高秀兰. 浅议集团公司资金监控的长效策略［J］. 中国经贸导刊，2010（15）：51-51.

[36] Xu P，Zhang H，Bai G. Research on the Differentiated Impact Mechanism of Parent Company Shareholding and Managerial Ownership on Subsidiary Responsive Innovation：Empirical Analysis Based on 'Principal-Agent' Framework［J］. Sustainability，2019，11（19）：5252.

[37] Asakawa K，Aoki T. Informed headquarters，legitimized subsidiary，and reduced level of subsidiary control in international R&D management［M］//Perspectives on Headquarters-subsidiary Relationships in the Contemporary MNC. Emerald Group Publishing Limited，2016.

[38] Loppacher J S，Cagliano R，Spina G. Key factors in global supply headquarters-subsidiary control systems［J］. Journal of manufacturing technology management，2010.

[39] 任汝娟，王锦. 基于 AHP 的集团管控模式选择影响因素分析［J］. 会计之友，2014（05）：57-61.

[40] 王亮亮，张海洋，张路，郭希孺. 子公司利润分回与企业集团的代理成本——基于中国资本市场"双重披露制"的检验［J］. 会计研究，2021（11）：114-130.

[41] Grewal R，Kumar A，Mallapragada G，et al. Marketing channels in foreign markets：control mechanisms and the moderating role of multinational corporation headquarters-subsidiary relationship［J］. Journal of Marketing Research，2013，50（3）：378-398.

[42] 蒋瑞英. 浅析集团企业母子公司财务管控［J］. 财经界（学术版），2014（5）：200-200.

[43] 吴燕飞. 战略转型背景下的 A 公司集团管控模式变革研究［D］. 2016.

[44] 姜晓辉. 集团管控框架的财务管控模式问题及优化策略［J］. 财会学习，2018.

[45] Chatzopoulou E C，Spanos Y E，Lioukas S. Headquarters' monitoring mechanisms，subsidiaries' financial slack，and the contingent role of subsidiaries' external embeddedness［J］. Long Range Planning，2022，55（1）：102044.

[46] 刘嘉琳. 中国国有跨国母子公司治理结构研究［D］. 吉林大学，2023.

[47] 杨建华. 母公司对子公司差异化管理策略研究——基于资源扩散理论［J］. 哈尔滨工业大学学报：社会科学版，2011（4）：26-30.

[48] Alharbi J，Gelaidan H，Al-Swidi A，et al. Control mechanisms employed between headquarters and subsidiaries in Multinational Enterprises (MNEs)：An empirical study［J］. Review of International Business and Strategy，2016.

[49] 高勇强，田志龙. 母公司对子公司的管理和控制模式研究［J］. 南开管理评论，2002，5（4）：4.

[50] Zhu Y，Jiang W，Shi X，et al. Research on the governance of parent-subsidiary company under the mixed ownership mode［C］//IOP Conference Series：Materials Science and Engineering. IOP Publishing，2020，792（1）：012007.

[51] HamiltonⅢ R D，Taylor V A，Kashlak R J. Designing a control system for a multinational subsidiary［J］. Long Range Planning，1996，29（6）：857-868.

[52] Ambos T C，Fuchs S H，Zimmermann A. Managing interrelated tensions in headquarters-subsidiary relationships：The case of a multinational hybrid organization［J］. Journal of International Business Studies，2020，51（6）：906-932.

[53] 蔡宏静. 在战略视角下研究集团财务管控策略分析［J］. 商讯，2022（01）：9-12.

[54] 顾璇. 分析国有集团与子公司财务内控管理的难点与对策［J］. 质量与市场，2021（24）：25-27+30.

[55] 吴雪辉. 论集团公司财务管控动态优化机制的实施策略［J］. 产业创新研究，2021（23）：97-99.

[56] 石海萍. 集团公司内部财务资金管控现状及对策探讨［J］. 商业观察，2022（06）：65-67.

[57] 方孟礁. 集团公司对子公司的内部控制管理研究［J］. 中国乡镇企业会计，2022（03）：123-125.

[58] 郭秉鑫. 基于内部控制架构的集团企业母子公司财务管控策略研究［J］. 企业改革与管理，2021，（22）：149-150.

[59] 刘涛. LN集团事业部管控模式研究［D］. 山东大学，2015.

[60] 刘建. 我国国有控股集团管控模式的几点思考［J］. 财务与会计：理财版，2010（7）：2.

[61] 唐鹏军. 集团管控三分法辨析［J］. 企业管理，2022（02）：98-101.

[62] 房茂涛，邹昭晞. 企业集团中母子公司治理的博弈分析［J］. 首都经济贸易大学学报，2014，16（6）：87-91.

[63] 曾江洪，崔晓云. 基于演化博弈模型的企业集团母子公司治理研究［J］. 中国管理科学，2015，23（2）：148-153.

[64] 张武. 企业集团母子公司监控博弈分析及机制设计研究［J］. 企业导报，2015（1）：80-81.

[65] 陈天灯. 母公司对子公司财务控制困境的博弈分析与破解探索［J］. 财政监督，2015（2）：31-36.

[66] 徐植，徐永乐，祁怀锦. 基于博弈论的集团资金集中管理——以某大型中央建筑企业为例［J］. 财会月刊，2015（8）：100-102.

[67] 彭琳. 基于两阶段博弈的母子公司管控机理研究［D］. 江西理工大学，2018.

[68] 马喜芳，浦再明，熊竞. 系统论视阈下国有资产流失博弈分析及防范型激励机制设计［J］. 系统科学学报，2020，28（04）：40-45.

[69] 马喜芳，颜世富. 企业集团母子公司监控博弈分析及机制设计研究［J］. 中国人力资源开发，2014，（21）：66-71+96.

[70] 张先治，王晨嫣. 剩余索取权、母子公司协同型配置模式与公司价值［J］. 管理学刊，2022，35（02）：68-86.

[71] 徐鹏，徐向艺，白贵玉. 母公司持股、子公司管理层权力与创新行为关系研究——来自我

国高科技上市公司的经验数据 [J]. 经济管理，2014 (4)：10.

[72] 王晨嫣，张先治. 母子公司人员管控与企业技术创新——基于双重成本的分析 [J]. 审计与经济研究，2023，38 (05)：76-85.

[73] 杨阳，王凤彬，孙春艳. 集团化企业决策权配置研究——基于母子公司治理距离的视角 [J]. 中国工业经济，2015 (1)：13.

[74] Graham J R, Harvey C R, Puri M. Capital allocation and delegation of decision-making authority within firms [J]. Journal of financial economics, 2015, 115 (3): 449-470.

[75] Harris M, Raviv A. Allocation of decision-making authority [J]. Review of Finance, 2005, 9 (3): 353-383.

[76] Dörrenbächer C, Gammelgaard J. Subsidiary initiative taking in multinational corporations: The relationship between power and issue selling [J]. Organization Studies, 2016, 37 (9): 1249-1270.

[77] Szałucka M. Decision-making subsidiary autonomy in Polish multinational enterprises: Results of an empirical study [J]. International Business and Global Economy, 2016, 35 (2): 309-322.

[78] Cuervo-Cazurra A, Mudambi R, Pedersen T. Subsidiary power: Loaned or owned? The lenses of agency theory and resource dependence theory [J]. Global Strategy Journal, 2019.

[79] Sakakibara H, Ishida S, Natori T, et al. A Study of a Venture Company's Control Rights Allocation Model [J]. Asian Social Science, 2018, 14 (1).

[80] Apriliyanti I D, Randøy T. Between politics and business: Boardroom decision making in state-owned Indonesian enterprises [J]. Corporate Governance: An International Review, 2019, 27 (3): 166-185.

[81] 王京，罗福凯. 混合所有制、决策权配置与企业技术创新 [J]. 研究与发展管理，2017，29 (2)：10.

[82] 李思齐，冯宇佳. 产权性质与企业绿色创新：基于决策权配置的异质性分析 [J]. 生态经济，2023，39 (05)：95-102.

[83] 王亮亮，施超，阮语等. 企业集团的决策权配置与实际税负 [J]. 中国工业经济，2023，(06)：156-173.

[84] 陈志军，刘锡禄. 子公司自主权与技术创新绩效、技术转移绩效的关系研究 [J]. 东北大学学报（社会科学版），2021，23 (06)：14-21.

[85] 杜善重. 家族决策权配置与企业创新——基于冗余资源与社会情感财富的调节效应 [J]. 管理评论，2022，34 (06)：62-75.

[86] Cui R, Ma Z, Wang L. Allocation of Decision Rights and CSR Disclosure: Evidence from Listed Business Groups in China [J]. Sustainability, 2022, 14 (07): 3840.

[87] 施丽芳，廖飞，茅宁. 企业内部决策权有效配置动态循环模型——一个行为视角的分析 [J]. 经济管理，2009 (7)：7.

[88] 王智慧，蒋馥，王意冈. 企业中决策权最优分配的数学模型及其分析 [J]. 管理工程学报，2001，15 (2)：2.

[89] 曾楚宏，林丹明. 信息技术、决策成本与企业的决策权配置 [J]. 中央财经大学学报，2009 (8)：5.

[90] 胡蓓，陈建安. J-M决策权配置模型修正及其应用 [J]. 工业工程与管理，2005 (06)：16-22.

[91] 王彦勇，苏奕婷. 集团公司品牌管控模式研究——基于品牌治理与决策权配置模型的分析 [J]. 东岳论丛，2013 (09)：171-175.

[92] 王智慧，蒋馥，王意冈. 企业中决策权最优分配的数学模型及其分析 [J]. 管理工程学报，2001，15 (2)：2.

[93] 王智慧，蒋馥，王意冈. 信息技术对企业中决策权分配影响的模型研究 [J]. 系统工程理论与实践，2001，21 (007)：54-57.

[94] 胥文帅，彭剑飞，吴云朗. 数字化转型与决策权配置——基于企业集团的经验证据 [J/OL]. 当代财经，1-15 [2024-02-02].

[95] 聂爱云，王善骝，何小钢. 企业数字化、协调成本与决策模式转型 [J]. 产经评论，2023，14 (01)：25-47.

[96] 吴永霞. 基于博弈分析的公司决策权分配研究 [J]. 时代金融，2014 (12Z)：2.

[97] 唐浩. 我国上市公司财务治理权的配置分析 [J]. 人力资源管理，2014 (1)：32-34.

[98] 刘慧龙，王成方，吴联生. 决策权配置、盈余管理与投资效率 [J]. 经济研究，2014 (8)：93-106.

[99] 周建，罗肖依，余耀东. 董事会与CEO的战略决策权配置研究 [J]. 外国经济与管理，2015，37 (01)：52-61.

[100] Balachandran S；Eklund J. The Impact of Partner Organizational Structure on Innovation [J]. Administrative Science Quarterly，2023：00018392231212680.

[101] 孙国强，吉迎东. 集团网络决策权配置模式与配置效率研究 [J]. 经济管理，2017 (11)：56-68.

[102] 于瑶，祁怀锦. 集团公司董事会建设与央企全要素生产率——一项准自然实验 [J]. 经济管理，2021，43 (10)：24-41.

[103] Ma C，Li B，Chen Y. Parent-Subsidiary Company Geographic Distance and Corporate Innovation Performance：Inhibitive or Stimulative？[J]. Emerging Markets Finance and Trade，2023，59 (8)：2507-2532.

[104] Mao Y，Norkaew O，Liu Y. Parent-firm advantages and management control effects on subsidiary performance in emerging economies：a study of foreign direct investment in Thailand [J]. Asia Pacific Business Review，2020，26 (4)：396-424.

[105] Farah B，Chakravarty D，Dau L，et al. Multinational enterprise parent-subsidiary governance and survival [J]. Journal of World Business，2022，57 (2)：101271.

[106] Lei Q，Chen H. Corporate governance boundary，debt constraint，and investment efficiency [J]. Emerging Markets Finance and Trade，2019，55 (5)：1091-1108.

[107] Dellestrand H，Kappen P，Lindahl O. Headquarter resource allocation strategies and subsidiary competitive or cooperative behavior：achieving a fit for value creation [J]. Journal of

Organization Design，2020，9（1）：1-16.

[108] Zhao X，Li G，Liu J，et al. Study on the performance evaluation of the parent-subsidiary corporation's financial management and control [C] //The 19th International Conference on Industrial Engineering and Engineering Management. Springer，Berlin，Heidelberg，2013：781-789.

[109] Yeh C P. Social control or bureaucratic control? -The effects of the control mechanisms on the subsidiary performance [J]. Asia Pacific Management Review，2021，26（2）：67-77.

[110] Zhao T J，Li C，Zhang B S. The effect of the industrial networks within business groups on the quality of accounting information：evidence from China [J]. Applied Economics Letters，2024，31（5）：432-449.

[111] Li W，Tang Y. An evaluation of corporate governance evaluation，governance index (CGI NK) and performance：Evidence from Chinese listed companies in 2003 [J]. Frontiers of Business Research in China，2007，1（1）：1-18.

[112] Bauer R，Guenster N，Otten R. Empirical evidence on corporate governance in Europe：The effect on stock returns，firm value and performance [J]. Journal of Asset management，2004，5（2）：91-104.

[113] Jarboui S，Guetat H，Boujelbene Y. Evaluation of hotels performance and corporate governance mechanisms：Empirical evidence from the Tunisian context [J]. Journal of Hospitality and Tourism Management，2015，25：30-37.

[114] Wendry B，Nimran U，Utami H N，et al. The role of good corporate governance in mediating the effect of planning，coordination，supervision，and organizational culture on firm performance and firm sustainability [J]. Environment，Development and Sustainability，2022：1-13.

[115] 武立东，王晴云，晋禾. 公司治理水平与数字化转型：来自上市公司的证据 [J]. 经济问题，2024，(03)：30-37.

[116] Oh H，Park S. Does Corporate Governance Affect Labor Investment Efficiency? [J]. Sustainability，2022，14（8）：4599.

[117] Davys A M，O'connell M，May J，et al. Evaluation of professional supervision in Aotearoa/New Zealand：An interprofessional study [J]. International journal of mental health nursing，2017，26（3）：249-258.

[118] Zeng M，Yang Y，Wang L，et al. The power industry reform in China 2015：Policies，e-valuations and solutions [J]. Renewable and Sustainable Energy Reviews，2016，57：94-110.

[119] Sun X，Liu X，Li F，et al. Comprehensive evaluation of different scale cities' sustainable development for economy，society，and ecological infrastructure in China [J]. Journal of Cleaner Production，2017，163：S329-S337.

[120] Chen T，Wang L，Wang J. Transparent assessment of the supervision information in China's food safety：A fuzzy-ANP comprehensive evaluation method [J]. Journal of Food

Quality，2017，2017.

[121] Tsai S B. Performance Measurement of Banking Supervision: From the Perspective of Banking Supervision Law [C] //2017 International Conference on Economics, Finance and Statistics (ICEFS 2017). Atlantis Press，2017.

[122] 王韧. 中国绿色金融治理效应评估及绿色政策选择——基于334家公众公司的微观数据[J]. 宏观经济研究，2021，(06)：133-145.

[123] Means G. The modern corporation and private property [M]. Routledge，2017.

[124] Rose-Ackerman S. Inalienability and the theory of property rights [J]. Colum. L. Rev.，1985，85：931.

[125] Yan L，Hong K，Chen K，et al. Benefit distribution of collectively-owned operating construction land entering the market in rural China: A multiple principal-agent theory-based analysis [J]. Habitat International，2021，109：102328.

[126] Freeman R E，Dmytriyev S D，Phillips R A. Stakeholder theory and the resource-based view of the firm [J]. Journal of Management，2021，47 (7)：1757-1770.

[127] Deming W. Edwards，von Neumann John，Morgenstern Oscar. Theory of Games and Economic Behavior [J]. Journal of the American Statistical Association，1945，40 (230)：263-265.

[128] Nash J F. Equilibrium Points in N-Person Games [J]. Proceedings of the National Academy of Sciences of the United States of America，1950，36 (1)：48-49.

[129] Smith J M，Price G R. The logic of animal conflict [J]. Nature，1973，246 (5427)：15.

[130] Wang Y，Yang Y，Tang L，Sun W，Li B. A Wasserstein based two-stage distributionally robust optimization model for optimal operation of CCHP micro-grid under uncertainties [J]. International Journal of Electrical Power & Energy Systems 2020；119：105941.

[131] Chen Y，He L，Li J. Stochastic dominant-subordinate-interactive scheduling optimization for interconnected microgrids with considering wind-photovoltaic-based distributed generations under uncertainty. Energy 2017，130：581-598.

[132] Chen P. Effects of the entropy weight on TOPSIS [J]. Expert Systems with Applications，2021，168：114186.

[133] Sun X，Wang W，Pang J，et al. Study on the evolutionary game of central government and local governments under central environmental supervision system [J]. Journal of Cleaner Production，2021，296：126574.

[134] Wang Y，Wang D，Shi X. Exploring the dilemma of overcapacity governance in China's coal industry: a tripartite evolutionary game model [J]. Resources Policy，2021，71：102000.

[135] Michael C. Jensen and Willian H. Meckling. Theory of the firm: Managerial Behavior, Agency Costs and Ownership Structure [M]. J. Fin. Econ，1976. 305-360.

[136] Chakraborty S，Saha A K，Sharma S，et al. A novel enhanced whale optimization algorithm for global optimization [J]. Computers & Industrial Engineering，2021，153：107086.

[137] Sun H, Ebadi A G, Toughani M, et al. Designing framework of hybrid photovoltaic-bio-waste energy system with hydrogen storage considering economic and technical indices using whale optimization algorithm [J]. Energy, 2022, 238: 121555.

[138] Ishikawa A, Amagasa M, Shiga T, et al. The max-min Delphi method and fuzzy Delphi method via fuzzy integration [J]. Fuzzy sets and systems, 1993, 55 (3): 241-253.

[139] Kuo Y F, Chen P C. Constructing performance appraisal indicators for mobility of the service industries using Fuzzy Delphi Method [J]. Expert systems with applications, 2008, 35 (4): 1930-1939.

[140] 陆昊. 新型电力系统中储能配置优化及综合价值测度研究 [D]. 华北电力大学（北京），2021.

[141] Li Y, Zhang F, Li Y, et al. Evaluating the power grid investment behavior in China: From the perspective of government supervision [J]. Energies, 2019, 12 (21): 4192.

[142] Hong D H, Choi C H. Multicriteria fuzzy decision-making problems based on vague set theory [J]. Fuzzy sets and systems, 2000, 114 (1): 103-113.

[143] Li Y, Zhu M, Li J. Evaluation method of urban water security assurance capability for emergency rescue based on similarity measure of Vague sets [J]. J. Hydraul. Eng. , 2009, 40 (5): 608-613.

[144] Xue W, Li B, Yang Y, et al. Evaluating the Effectiveness of New and Old Kinetic Energy Conversion from an Electric Power Economics Perspective: Evidence on the Shandong Province of China [J]. Energies, 2019, 12 (6): 1174.